仕事を上手に圧縮する方法

仕事時間を
1/5にして
圧倒的な
成果を上げた
ITコンサル流
仕事の基本

江村 出
Izuru Emura
EYストラテジー・アンド・
コンサルティング
アソシエートパートナー

日経BP

はじめに
限られた時間と労力でパフォーマンスを最大化する

本書でお伝えしていく仕事術は、効率化の中でも「時間」と「成果」に特にフォーカスしたものです。要するに、「仕事で今以上の成果を出せるようになること」、あるいは、「今と同じ成果を出しつつも、かかる時間を今より大幅に減らせるようになること」を目的としています。

「あれだけ時間をかけたのに、これだけの成果なの？」

ハラスメントに過敏なこの時代に、直接、このように言われることはないでしょう。

しかし、言えないということは、思われていないということではありません。

むしろ、直接言われない分、何年たっても成長の機会を得られないままになっている人が多いというのが、私の実感です。「デキる人はどんどんできるようになっていき、デキない人はどんどん取り残されていく」、そんなシビアな時代だと感じています。

- 指示された通りにやったはずなのに、浮かない顔をされた
- 時間をかけて取り組んだのに、いっこうに評価されない
- 準備して臨んだ発表の場で、空気が凍りつきがち
- 同僚たちに比べて、任される仕事が少ない（軽い）
- 何度やっても手戻りになる

もし、あなたが日常の仕事の中で、このような経験をしているならば、相手の方はあなたに対して、冒頭のような気持ちを言えずにいるかもしれません。

他人が言ってくれないからこそ、自分で気づいて変えていくしかないのです。

こうしてビジネス書を手に取られている以上、あなたの人生における仕事のウエイトは小さくないはずです。1日8時間、週に5日働く方でも、人生の4分の1程度の

時間を仕事にささげています。いずれにせよ長い時間かけて働くのなら、「デキる人として評価されたいですよね？」

本書は、この質問に「もちろん！」と力強くうなずいてくださった方、そして、あなたの上位者（チームリーダーや上司など）の方やチームのメンバー、同僚、顧客、仕事のパートナーに、

「助かったよ」
「信頼してるよ」
「任せたよ」

と言われる仕事をしたい方のための1冊です。

ただし、こうした「心からの言葉」は、「人よりちょっとだけ頑張ろう」とか「要領よくやってどうにかしよう」という仕事の仕方では得られません。

どうせやるなら、とことん取り組んで、「本当の仕事の力」をつけてみませんか？

▼より大きな仕事を任されながら、時間を短縮して、成果を上げる＝仕事の圧縮

本書でお伝えしていくのは、私がＩＴコンサルという仕事に従事する中で見いだしてきた仕事術です。

みなさんはＩＴコンサルという職種をご存じでしょうか？

文字通り「ＩＴスキル」と「コンサルスキル」を同時に発揮し、プロジェクトを推進していく仕事です。ときには数十人、あるいは数百人のチームで、数カ月～1年程度のタームで顧客の課題解決に取り組むことになります。

ＩＴコンサルは、通常、一般的なエンジニアよりも数倍近くのフィーをいただきます。その分、顧客の信頼を得るには、顧客ではできないことをハイスピードでこなし続けることが不可欠です。「この仕事は苦手だから」「若手だから」「初めて取り組む案件だから」「今日は早く帰りたいから」「体調が悪いから」などの言い訳は通用しませ

ん。

現場で経験を積むしかないため、私も新人時代から、様々な現場で「一生懸命」働いてきました。

しかし、当時できる限りのことをしていたつもりでしたが、私の評価は同期の中でも「中の下」くらいだったと思います。理解力が低い、作業スピードが遅い、考えるのが苦手……実際のところ、どんなプロジェクトにおいても、求められるレベルに到達できず、顧客からリリース（プロジェクトからの離任）されるのではないかと恐れていました。

「このままでは本当に、人生詰む」

という危機感を抱いたことを覚えています。

当時は、「仕事だけでなく、プライベートも充実させよう」「長時間労働を見直そう」という社会の風潮が始まった頃でしたが、個人的にはそんな悠長なことをいっている場合ではありませんでした。

そこで、**「どうせなら人の2倍やってやろう」**と意気込んで、1日15時間を仕事にあてていました。

優秀な先輩たちの背中を見て、たくさんの本を読み、多くの人の話を聞き、自分なりの試行錯誤を重ねました。週末になるとひどい頭痛に襲われるくらい身体にも影響が出ていましたが、そうして四苦八苦する中で編み出したのが、本書でご紹介する「時間」と「成果」にフォーカスする仕事の仕方です。

広くコンサルが身につけているロジカルシンキングや高度なコミュニケーション、プロジェクトを進めていく技術だけでなく、ＩＴコンサル特有の、

- 専門分野（私たちにとってはＩＴ分野）の中身に踏み込み、マニアックなところまで掘り下げて、ゴリゴリさばいていくスキル
- 日々技術が進歩していく中で情報をキャッチアップし、その専門知識を踏まえて判断していく方法
- 課題の本質を見極め、爆速で仕事を進めていく方法

などについてもお話ししていきます。ＩＴ分野とは関係のない仕事をされている方や、ご自身の仕事の仕方に問題意識を持っている方にもお役立ていただけるよう一般化しつつも、**「実践で使える生きたノウハウ」**をお伝えできるように心がけています。

人より2倍努力し「仕事のやり方」を身につけた今、当時と比べて仕事の時間を5分の1に圧縮しながらも、難易度の高い仕事や納期のタイトなタスク、ますます加速するＩＴ技術の進歩を先取りするような仕事ができるようになったと自負しています。

みなさんも本書に書かれたことを実際の現場で取り組んでみて、「変わることができたよ」と言っていただけることを楽しみにしています。

2章 「圧倒的パフォーマンス」は〃ゴール設定〃が9割

3章　いつもの仕事をすべて「ハイスピード」に変える

4章 〝ベストアウトプット〟にコミットするための「仕事の捨て方」

5章　究極の〝パラレルタスク〟の進め方

6章　仕事の超難問を速攻で解決する〝ITコンサル的思考法〟

序章

時間をかけても成果を出せない……残念なビジネスパーソン22の特徴

仕事を上手に圧縮するための準備運動

ＩＴコンサルの仕事は、基本的にプロジェクト単位です。半年ごとくらいで職場がガラリと変わり、毎回、多くの人たちと「はじめまして」と挨拶《あいさつ》を交わしてからプロジェクトが始まります。

気づけば今まで、様々な業種・職種の方、あるいは管理職の方から現場のスタッフまで、何千もの人たちと接してきました。

こうした環境で責任者としてプロジェクトを成功させるためには、本格的に走り始める前に、その案件に関わる人たちの傾向を見抜くことが不可欠です。

端的に言えば、「成果を出せずに苦労しがちな人たち」がチームにいるかどうかを素早く察知し、早めに手を打つことが必要なのです。

ただし、手を打つといっても、その人を即刻プロジェクトから外すとか、重要な役割から遠ざけるといったことではありません。

多くの人は私からすると、「ボタンを1つ、かけ違えているだけ」です。自分自身でそのことに気がつき、**少し発想の転換をすれば、それだけで「物事を前に進める思考」に変えることができます。**

その発想転換の方法は、本編でじっくりご紹介していきます。

本編に入る前にここでは、私が日頃感じている、「成果を出せずに苦労しがちな人たち」の特徴を取り上げます。もしあなたが1つでも、自分に当てはまると感じたなら、本書があなたの日々の仕事を劇的に変えるはずです。

本編に進む前の日頃のご自身のチェックとして、あるいは、手っ取り早く自身の仕事の改善点を見つけ一歩踏み出すための足がかりとして、本章を活用してみてください。

▼残念なビジネスパーソンの特徴① いい人

周りの人から「**ちょっとお願い**」と何か頼まれると、どんなときでも気前よく応じてしまっていないでしょうか。余裕がない場合には、勇気を出して断ることも大切です。自分のタスクをこなせなければ、あなたは成果を出せていないと見なされてしまいます。そればかりか、フォローしてくれる身近な人たちにも迷惑をかけてしまうことにもなるでしょう。まずは**与えられたメインのタスクから取り組む**ことです。

◉「残念ないい人」を脱出したい ➡42ページへ

▼残念なビジネスパーソンの特徴② 線を引く

「**私の仕事はこの範囲です**」と線を引いて、それ以外は関係ないという態度をとってしまうと、結局は自分のタスクでも思うように結果が出せなくなるものです。すべてを巻き取る必要はありませんが、自分のタスクが全体の中でどのような位置づけにあるのかを知って手戻りを減らすためにも、**リーダーの目線で目に見える範囲のタスクをさばく**ことをおすすめします。

●「リーダーの視点でタスクをこなす方法」を知りたい ⬇138ページへ

▼残念なビジネスパーソンの特徴③　理由ばかり探す

例えばタスクが遅れたときに、**「他のチームが遅れたためです」**などの理由に執着していませんか？　こうした思考はビジネスに必要な理由の追求ではなく、何かを言い訳にする習慣に他なりません。前もって何かしらの調整ができたかもしれませんし、代わりに何か進められることもあったかもしれません。

理由ばかり探す前に**視座を上げ、周りの様子を見て先手を打つ**ことができれば、あなたのタスクも自然と手戻りがなくなり、仕事時間が短縮できるはずです。

◉視座を上げて「先手を打ちたい」⬇289ページへ

▼残念なビジネスパーソンの特徴④　点で捉える

与えられるタスクはあくまできっかけであり、仕事は自分で生み出すものです。それに気づかず、上位者に言われたことしかやらないスタンスでいると、いつも**「次は何をすればいいですか？」**と聞かないと作業を進められなくなってしまいます。

何か作業を与えられたなら、次に何をすべきかを自分で考え動けるようにすること。この考えができる人は、例外なく成果を出せています。

◉「自分で考えて動ける」ようになりたい　⬇128ページへ

▼残念なビジネスパーソンの特徴⑤　脱線する

何かに集中すると、視野が狭くなるものです。気づいたら本来の目的とは違うことをしていたという経験は誰にでもあるでしょう。特に、資料をつくるたびに**「これは補足として使います」**と言っているようでは、本筋になかなかリーチできていないので要注意です。１つの物事に集中したら、**1時間おきにゴールを再確認するクセ**をつけましょう。ピントがズレていることに気づいたなら、それだけ早く脱線を防げたということです。

◉「ゴールへの意識」を高めたい　⬇112ページへ

▼残念なビジネスパーソンの特徴⑥　見失う

日々の仕事の中では、誰かの一声で急に方針転換しなければならなくなってしまうこともあります。そのときに**「前はこうだったから」**と過去に縛られていると、チームの中であなただけが「向かうべきゴール」から外れてしまいます。

方向転換によってこれまで考えてきたことが無駄になり、悔しい気持ちになるかもしれませんが、過去の情報に振り回されていると自分のタスクを見失います。**すぐに頭を切り替えて前進することだけ**を考えましょう。

●「素早く頭を切り替える」方法を知りたい ⬇200ページ

▼残念なビジネスパーソンの特徴⑦ とにかく頑張る

「頑張って考えます」「ランチ時間もやります」といくら意気込んでも、一歩も前に進まなかったら何もやっていないことと同じです。仕事において、成果を出すまでの過程はさほど重要ではありません。今のあなたでは太刀打ちできない仕事を任されたのであれば、**自分一人で頑張るという発想から早く離れるべ**

きです。すぐさま足を動かして、上位者や同僚にヒントをもらいにいきましょう。

◉「他人の力を上手に借りる」方法を知りたい　⬇161ページ

▼残念なビジネスパーソンの特徴⑧　メモをしない

リーダーから「**お願いしたことはどうなってるの？**」と言われてギクッとしたことはないでしょうか？　どれだけ頭のいい人でも、日々の無数ともいえる宿題をすべて頭の中の記憶だけに頼って進めることはできません。キーワードだけでよいので、メモをとりましょう。**思い出すための最低限のキーワードを記しておく**だけで、すべてのタスクを確実に仕留められるようになります。

◉「メモ」上手になりたい　⬇168ページへ

▼残念なビジネスパーソンの特徴⑨　否定から入る

難しい課題に対して、**「〇〇なので、厳しいです」**と否定ばかりしていないでしょうか。できない理由をどれだけ説明しても、物事は進みません。反射的に否定する前に、少しでも解決する方法を考えてみてはどうでしょうか。どんな に大きな課題でも、**小さなアイディアを重ねていくと突破口が見えてくる**はずです。

◉**「難しい課題」を少しでも前に進めたい**　⬇80ページへ

▼残念なビジネスパーソンの特徴⑩　質問しない

指示を受けたとき**「はい、わかりました」**とだけ返答して何も質問せずに取り組み始めると、たいてい期待されているゴールを外すことになります。質問が何も出ないということは、言葉尻だけを捉えていて背景や真意を理解できていないということです。**指示を受けた〝その瞬間〟が勝負です。**頭をフル回転させ、少しでもモヤッと感じたことは、その場ですべて質問して解消しましょう。

●「指示の真意への理解度」を高めたい ⬇117ページへ

▼残念なビジネスパーソンの特徴⑪ 人への興味が薄い

仕事はつい自分本位で進めてしまいがちです。**「私の考えはこうです」**という思いが強すぎると、「誰のため?」「何のため?」が置き去りにされ、結果として依頼者の期待にリーチすることができません。まずは依頼する側・指示を出す側の気持ちを理解して期待を読み解くことで、最短距離でタスクを進めることができます。

そのためには**「人に興味を持つこと」**から始めましょう。効率化のテクニックを学んで「仕事ＩＱ（知能指数）」を上げるより前に、相手の考えを読み解く「仕事ＥＱ（心の知能指数）」を引き上げることが先決です。

◉「仕事EQ」について知りたい　⬇148ページへ

▼残念なビジネスパーソンの特徴⑫　1日のゴールを決めない

1日のゴールを決めずに目の前のタスクに取り組んでいると、**「今日はあまり進まなかったけど仕方ない、明日やろう」**という考え方に陥りがちです。こうしてずるずると時間が費やされてしまうことになります。

人が集中力を発揮して仕事を進められるのは、切羽詰まった期限ギリギリの状況に追い込まれたときです。普段の仕事でも、ゴールを日々設定し、「今日ここまで絶対にやりきらないと次のチャンスはない」と**自分に適度なプレッシャーを与えられる人は、仕事効率を何倍にも跳ね上げる**ことができます。

◉かつてないほど集中力を高めたい　⬇85ページへ

▼残念なビジネスパーソンの特徴⑬　**初手を間違える**

難しいタスクに取り組むときに「**とりあえず調査から始めてみようかな**」などと思った時点で、最初の一歩が間違っています。手を動かすより先に、まずは綿密な計画を立てましょう。ゴールから逆算して**やるべきステップをすべて見極めてから、ようやく最初の一歩を踏み出す**のです。段取りさえ決まってしまえば、面白いほど仕事はサクッと終わります。

●**「段取り上手」になりたい**　⬇321ページへ

▼残念なビジネスパーソンの特徴⑭　**こだわりが強すぎる**

ようやくチーム会議で方針が固まったにもかかわらず「**私はこうすべきだと思います**」などと自分の意見を曲げない人は、ゴールにたどりつくまでに時間がかかる傾向にあります。仕事の肝は「相手からいかに納得感を得られるか」です。**たとえ正論であっても、それを押し通すよりみんなの合意を得るほうが大事**なのです。ときに自分の考えを押し殺してでも柔軟に立ち振る舞える人のほうが早く成果を出すことができます。

◉「誰もが納得する言い方」を身につけたい　⬇311ページへ

▼残念なビジネスパーソンの特徴⑮　定量化が苦手

あなたは普段、「**何時間で何本できるか**」「**リカバリに何日かかるか**」といった数字をどれだけ意識できていますか？　数字をおろそかにする人は、納期にもルーズになり、なかなか成果を出せません。数字は、「5分で1項目書けるから、1時間では10項目は書けるはず」くらい細かく見積もりましょう。

定量的に分解できるということは、目指すゴールと、その途中のステップが確実に見えている証拠です。

●数字で捉える能力をつけたい　⬇311ページへ

▼残念なビジネスパーソンの特徴⑯　評論家になる

「その案だと、ここがデメリットですよね」などと、評論家さながらに問題点を見つけて指摘するだけなら、誰でもできます。せっかく問題を見つけたのであれば、**もう一歩だけ踏み込んで、解決策の案まで出してみませんか?**

「こうしたらもっとよくなるはず」という前向きな提案をセットで考えるクセをつけると、思考力が底上げされます。思考力が上がると、普段の仕事もハイスピードでこなせるようになることは間違いありません。

●前向きな提案の思考法　⬇80ページへ

▼ 残念なビジネスパーソンの特徴⑰　詰めが甘い

素晴らしい案を出せて、リーダーと認識合わせができたとしても、この時点で**「完了したも同然」**と思ってはいけません。キーマンと合意できていなければ、せっかくの成果がゼロになってしまいます。

キーマンは、案件によってかわります。顧客の中で一番職位が高い人ということもあれば、現場のユーザということもあります。重要なのは、**「誰を説得したら本当の意味でタスクが完結するのか」**を考え、最後までアクションすることです。

あとは「メールを1通送るだけ」「会議を1回開くだけ」かもしれません。しかしそれをやらなければ成果はゼロです。やればそれだけで成果が確実なものとなるその最後の一歩まで、気を抜いてはいけないのです。

◉ゴールまでの「最後の一歩」の詰め方　⬇330ページへ

▼残念なビジネスパーソンの特徴⑱ 常に全力投球

体力と同じで、考える力も1日に使える量には限界があります。「**手抜きはよくない、どんな簡単な仕事もアドレナリン全開で全力投球だ**」と意気込んでいると、すぐに燃料切れになって思考が鈍化してしまいます。1日を有効活用するためには、**ルーティンの仕組みをうまく取り入れて、適度に脳を休めること**です。そのほうが、ここぞというときに爆発的な集中力を発揮して、難しい仕事を突破することができるはずです。

●1日のペース配分の仕方 ⬇211ページへ

▼残念なビジネスパーソンの特徴⑲ ルールに従順

「**〇〇をしないといけない**」と、決められたルールに多くの時間を奪われていては、なかなか成果を出すことができません。例えば議事録をとる場合は、すべての議事を書くのではなく、結論と各人のタスク（宿題）のみを書くなど、シンプルなものに変えてみてはどうでしょうか。仕事の本質は、**目的を達成するための最適解を自ら考え行動すること**であり、既存のルールを守ることではありません。目的達成のためのよりよいルールへの変更もまた、あなたの仕事と考えましょう。

◉既存のルールの合法的な壊し方 ⬇233ページへ

▼残念なビジネスパーソンの特徴⑳ 呼ばれた会議にはすべて出る

「会議に呼ばれたから出なきゃ」という考えの人は、気づいたら一日中会議だらけになってしまいます。「念のため」と呼ばれても、ほとんど発言しないような会議に出ても意味はありません。**あなたの時間の使い方は、あなたがコントロールしなければなりません。**自分と関連の低い会議はうまく断り、メインのタスクに専念しましょう。

●うまい会議の断り方 ⬇42ページへ

▼残念なビジネスパーソンの特徴㉑ 会話をためらう

「こんな簡単そうなことを質問したら、理解できていないと思われるのではないか」。こうした考えは、相手との理解の差をますます広げてしまいます。少ない会話で通じ合えるのは役員レベルの人たちだけです。その仕事の背景・目的・状況・問題などいろいろなことを確認し、しっかり会話して、大きな仕事を進めていくことがあなたのミッションです。**一人で悶々《もんもん》とするくらいなら思い切って聞いてしまいましょう。**仕事は会話から始まるもの。まずはその一歩を踏み出すことです。

●仕事のスピードが上がる質問テクニック ⬇117ページへ

▼残念なビジネスパーソンの特徴㉒ ギブアンドテイクしない

仕事において、ギブアンドテイクは基本です。「**いつも誰かに頼ってばかり**」という人は、本当に困ってしまったときに助けてもらえなくなるかもしれません。そうならないためにも、**早いうちに恩返し（自分の強みを生かして、相手の弱みをカバーすること）**をしておくことです。

日頃からギブアンドテイクの関係を築けていれば、相手も多少大変な状況だとしても、あなたが本当に助けを求めたときには手を差し伸べてくれるはずです。これが仕事における仲間というものなのです。

●Win-Winの関係のつくり方 ➡238ページへ

1章

自分の仕事を「圧倒的パフォーマンス」に変えるためのマインドセット

仕事の成果とスピードは、マインドセットで決まる

▼「思い通りに仕事ができない」のは、センスや能力のせいではない

「なんで自分は、他の人よりも仕事ができないんだろう？　センスがないのかな？」

私は若手の頃、何年もこうした悩みを抱えていました。上位者からはよく、「課題の真意を理解できていない」「理由が浅い」と指摘されていました。

もしあなたが、普段の仕事で、

「成果をあまり出せていない」

「どうすればこの頑張りを、もっと結果に結びつけられるのだろう」

と思っているのであれば、まずは取り組むためのマインド、つまり**根本の考え方か**

ら変える必要があります。

本書を手に取っているということは、すでに「頑張ろう」という気持ちは十分にあるのでしょう。自分の仕事を「頑張ろう」と思えることは、圧倒的なパフォーマンスを発揮するためには必須の条件です。しかし、それでも成果が出ていないということは、**頑張る方向が違う**のです。

▼「頑張る方向の間違い」が引き起こす負の連鎖

私自身、かつては頑張る方向を完全に間違えていました。

当時私が、自分の能力で太刀打ちできない課題にぶつかったときにしていたことは、「時間をかけて必死に取り組む」ということです。しかし、まったく前には進みませんでした。結果として頑張りと時間ばかりを浪費することになっていました。

また、難しいタスクだからと目を背《そむ》け、別の業務や雑務に逃げても、本来望まれた成果は出せません。結局「すべきことをしていない」と見られてしまっていました。

その上、雑務に対応するとさらなる雑務が生まれ、いざ自分のタスクに取り組もうとしても途中で横やりが入って中断しやすくなっていきました。こうして、さらに時間がかかるようにもなってしまったのです。

そこで私は、世の中に無数にある「仕事を効率化するテクニック」に助けを求めました。しかし、いざテクニックを日常に落とし込んでみようとしても、思い通りにはなりませんでした。このとき、私は強く決意をしたのです。

「このままでは本当にまずい。状況を変えたいのであれば、まずは自分に向き合い、今の自分を大きく変えるしかない。考え方をゼロから変えてみよう」

本章でこれから述べていくことは、私自身が「とにかく時間をかけて必死に仕事に取り組んでいるのに、成果が十分に上がらない」状態から脱し、**「仕事の時間を5分の1に減らして、かつ以前とは比べものにならないほど成果が上がっている」状態**になるまでに大きく変えた、マインドセットの話です。

「どうせこのまま頑張っていてもラチが明かない」と思っていたこともあり、半ば自暴自棄な覚悟をもって、自分の考えを毎度疑い、否定することから始めました。実のところ、最初はさらに成果が下がり、底なし沼にはまったような気持ちにもなりましたが、今となっては、避けて通ることのできないプロセスであったと確信しています。

▼まず「普通」から疑え

もし本書に、あなたが仕事の中で「普通はこうだよね」と思っていることと違うことが書かれていたならば、まずは自分の考え方を疑ってみてください。自分の考え方を、一度ひっくり返して吟味することになるので、大変な作業かと思います。

しかし、そこまでしてでも、**「自分を大きく変えるんだ」という覚悟をもてた人だけが、新たな自分に進化させることができる**と断言します。

知らず知らずのうちに凝り固まった思考のクセに目を向け、自分を正しく壊すことのできる人だけが、圧倒的なパフォーマンスを出せるようになるのです。

▼マインドセット❶

目の前の仕事に飛びつくな

▼「雑務は、上司が仕掛けた〝トラップ〟だ」

日々の仕事の中で、上司から細かい雑務を振られていませんか？

「〇〇さんに情報共有しておいて」

「誤字脱字がないかチェックしておいて」

「会議を設定しておいて」

などと言われ、簡単な作業だからと「はい、わかりました」と二つ返事で引き受けていると、意外と時間をとられてしまうものです。「気づいたら雑務だけをこなしていた」という日もあるのではないでしょうか。

上司にとっては、手間が減るので楽になるかもしれません。しかし、細かい雑務は要するに、「誰でもできる作業」です。面倒な作業をどんなに数多くこなしても、**残念ながらあなたの成果にはなりません。**

雑務はまさに、上司の〝トラップ〟なのです。

▼「雑務も積み重ねれば成果になる」は勘違い

「上司から頼まれた雑務を何でもこなせば、評価が上がったり、気に入られたりするのでは？」と思ったら、それは間違いです。

あなたには、与えられた「大きなミッション」があるはず。例えばＩＴコンサルならば、「難しい課題を深く考えること」が求められていて、それをこなすことが成果を出すということです。

こうしたミッションの多くは、明確なゴールや手順が決まっておらず、取り組む人によって結果が変わるものです。端的にいえば、より深い思考が求められる難しい仕事です。こうした難しい課題の解決こそが、あなたの仕事の意義ともいえるのです。

しかし、実際には難しいタスクを依頼されると、億劫《おっくう》で後回しになってしまうものですよね。「難しいタスクの代わりに雑務をたくさんこなして、やった気になる」「雑務に追われて本来の仕事ができない」というのは、結果を出せない人の典型です。

誰でもできるタスクは他の人に任せればよいのです。あなたはメインのタスクに集中し、成果を出すまでのあいだは他を捨てる気持ちで臨みましょう。

▼仕事では「いい人」にはならなくてよい

さらに言えば、直属の上司以外の人、例えば他の部署や他のチームからの依頼に対しては、上司からの雑務以上に応じてはいけません。

「急ぎだからちょっと教えて」

「知見がないから資料を少しつくってほしい」

などと頼られると、つい力を貸したくもなるでしょう。しかし、これまで社内外含めて累計5000人を見てきた立場からすると、**仕事における「いい人」は、アダにしかなりません。**

なぜこのように断言できるかというと、それは、メインタスクではない作業を引き受けてしまうと、自分のメインのタスクが二の次になってしまうからです。

人助けをすれば、会社や組織全体には多少のプラスになるかもしれませんが、そのプラスは、**あなたのタスクが遅延して上司やチームのメンバーに生じるマイナスと比べれば小さなもの**です。最悪の場合、周囲の人にあなたの遅延したタスクを巻き取る必要が生じ、身近な人たちには迷惑をかけることになります。「結果がすべて」のビジネスの世界では、これは罪としか言いようがありません。

「助け合い」というと日本では美学とされることもありますが、成果主義の強い国では「いい人」への評価はよりシビアです。成果を出せないとクビになってしまうので、「仕事なのになぜボランティアで人助けをする必要があるのか？」

と言う人も多くいます。あなたも、何でも引き受けていい人になる必要はありません。心当たりがあるなら今すぐに、**「頼まれごと」は断るスタンスに変えましょう。**

▼仕事がデキる人の「サラッと断る」テクニック

自分の成果にならない「頼まれごと」は断る、というスタンスを取っていても、依頼されたときに「それは雑務なのでやりません」「私じゃなくてもいいですよね？」と正面から断ることはできませんよね。そこでここでは、デキるＩＴコンサルが実践している「相手に最大限の敬意を払いながら依頼をスマートに断るテクニック」を紹介します。

ＩＴコンサルは、優秀な人であればあるほど、より短納期、より高品質を求められ、常に膨大なタスクを抱えています。ただでさえそういった状況なのに、次々と他のプロジェクトや顧客からも相談や作業を持ちかけられるため、すべてに応えることはできません。それゆえに、「相手を不快にさせないかわし方」を自然といくつも身につけているのです。そうしたテクニックの中から、今日からすぐにできる４つのワザを紹介介します。

【ワザ①】あえて「忙しそう」に見せる

「とにかく忙しそうな人」に新しくものを頼むのは、誰でも気が引けるものです。実際、多くの依頼は「余裕がありそう」と思われたときに起こりがちです。

そのため、とにかく成果を出したいときや自分のタスクに集中したいときは、あえて「忙しそう」に見せておくことが、自分を守ることにつながります。

「最近どうですか？」

などと聞いてくる人がいたら、

「いや～バタバタしてます」

「色々依頼も多くて大変なんです」

「結構パツパツなんですよ」

と返答するようにしましょう。

反対に、暇そうな雰囲気を醸《かも》し出すのはおすすめできません。上司の立場からすれば、部下が暇そうであれば、「何かタスクを振らなきゃ」と思うはずです。このように考え出されたタスクは、たいてい大事ではない仕事（雑務）でしかありません。

【ワザ②】「残り時間」を伝える

忙しそうに振る舞っているにもかかわらず頼まれごとをされた場合には、

「次の会議までの10分なら時間が取れるので」

などと、引き受けつつも自分に残された時間が少ないことを伝えるようにしてみてください。たいていは相手が配慮して引き上げてくれるか、この10分でできたことで満足してくれるはずです。


それでも相手からさらなるタスクを押し込まれたら、最後は自分が抱えているタスクを盾《たて》にして、断りましょう。相手が依頼してきたそのタイミングで、

「今取り組んでいるタスクが明日までなので……」

「ちょっと急ぎのタスクを抱えていて……」

と、**間髪入れずに他のタスクの大変さを伝えること**です。ここまですれば、多少鈍

感な相手にも、あなたが本当に自分のタスクで手いっぱいであることを理解してもらえるはずです。

【ワザ③】「小さなこだわり」より沈黙を選ぶ

会議での発言もまた、メイン以外のタスクを増やしてしまう一因です。

例えば会議の終盤、議論がようやく収束に向かっているタイミングで、あなたが小さな問題点に気づいたとします。そのときに、その場で、

「ここって問題ですよね」

などと突っ込んだらどうなるでしょうか。終わるはずだった会議が終わらなくなります。さらに、問題提起をしたからには、

「どうしたらいいと思う？」

と聞かれたり、その問題点の解決を宿題として振られたりしがちです。

そのため、こうした場合にも不用意に指摘する前に、発見した問題点の程度（ほうっておいた場合に、大問題になるのか、ならないのか）と、自身のメインの仕事との兼ね

合い（メインの仕事の切羽詰まり具合と、優先度）をいったん冷静に考えましょう。

もしあなたが**メインの仕事で切羽詰まっている状況であれば、小さな問題に首を突っ込んでいる場合ではありません。**状況によっては、わかっていても口を出さないことも一つの作戦です。ときには沈黙を武器にしましょう。

【ワザ④】「適任者」を紹介する

あなたが他の人にはない専門スキルを持っている場合、ことあるごとに頼られることもあるでしょう。そのたびに手助けをしていると、「この場合はどうすればよいのかな？」「ちょっと難しい問題が出てきたので手伝ってくれないかな？」などと、際限なく支援を求められることになりがちです。

この場合におすすめなのは、別の有識者を紹介して矛先《ほこさき》を変える工夫です。「経験が豊富な人」「その分野で実績を上げた人」などを紹介すれば、相手も喜んでくれるでしょう。

▼マインドセット❷

「いつもの仕事」「いつものやり方」を疑え

▼しみついた「いつものやり方」に気づいていますか？

言うまでもなく、仕事は日々の積み重ねです。誰でも無意識のうちに、仕事の進め方や考え方において「自分流」や「いつものやり方」を持っているものです。

あなたも、もしかしたら上位者から、

「理由が曖昧《あいまい》だよ」

「目的からズレてるよ」

「相手の立場で考えて」

などと言われているかもしれませんが、多くの人は、結局いつも「同じようなこと」を注意されているのが現実です。注意されたことを「次から直そう」と意気込んでも、少しシチュエーションが変わったら結局また同じ指摘をされてしまった、という経験は誰にでもあるのではないでしょうか。書籍から学んで「次から試してみよう」と思ったことも、たいていは3日もたつと元通りになってしまうのも同様です。

▼仕事ができない人は「いつものやり方」が間違っている

今の状況を本当に変えたいと本気で願うのであれば、まずは**「いつものやり方」からドラスティックに見直す必要があります。**

例えば野球で考えてみてください。野球を始めたばかりだとして、早く試合で勝てるようになりたいと思ったら、次のAとBのどちらの練習方法がいいと思いますか？

A　毎日5時間、庭でひたすらバットの素振りをする。

B　毎日1時間、誰かにボールを投げてもらいバッティングの練習をする。

当然、早く結果が出るのはBでしょう。庭でひたすら素振りの練習をしても、実践の訓練をしなければ試合に勝つことはできません。短い時間であっても実践に近いほうが成長は加速します。それに気づかず、「とにかく素振りが重要だ」と言ってAをひたすら続けているような現象が、日本中のオフィスで起きているのです。

もし、努力しているのに成果が出ていないのであれば、何かしら「やり方に問題がある」と考えるべきです。

昭和の時代には重宝された「頑張っていれば、いつか成果が出るはず」というスポ根魂はいまや時代遅れです。ただやみくもに頑張る前に、方法論を見直しましょう。**「いつものやり方」を正しく壊し、ゴールに向かって「工夫をしながら取り組む」人だけが、確実にパフォーマンスを上げ、成功を収めることができる**のです。

▼「思い切って壊す」がゴールへの最短ルートな理由

本書でお伝えしていく方法は、高校1年生から2年生まで右手でテニスラケットを

握っていた人が、高校3年生の春になって左手に持ち替えるような劇的なものです。いくら信頼しているコーチからでも、

「全国大会を目指すなら、このままではいけない。ついてしまったクセをなくすためにも左手でラケットを持とう」

と言われたら、これまでに積み上げたものをリセットしてしまうような感覚になるので、誰でも怖いですよね。しかし、序章で紹介したような特徴を1つでも持っているならば、今のまま努力し続けていても、変わることはできません。

一時的にパフォーマンスがマイナスになることもあるでしょう。また、目に見える形で成果にあらわれるには時間がかかるかもしれません。

それでも「自分の仕事の仕方を根本から思い切って変えるんだ」と、まず思えるかどうかが、これまでしみついてきた「いつもの（ダメな）やり方」から抜け出せるかどうかの分岐点です。

やり方を変えるにあたっては、「少し」壊して変えようとしても結果はほとんど変わりません。冒頭で紹介したように、状況が少しでも変われば、3日たてば、また元通

「ゼロベース」に戻したほうが成果が出やすい

りになってしまいます。「根本から」すべてを変えようとする覚悟が必要なのです。

▼「ゼロベースに戻す」は〝デキるITコンサル〟の必須スキル

本項目で繰り返してきた「いつものやり方を疑って、ゼロベースに戻せ」という考え方は、実はデキるITコンサルには当たり前の習慣です。

ITコンサルの仕事は、プロジェクト単位で、顧客に対して半年から1年くらいの期間でサービスを行います。その仕事の内容はプロジェクトによって大きく異なるもので、あるときは企業全体のシステムのあるべき姿を描く企画を支援し、あるときは会計の業務フローを描き、あるときはプログラムのコーディングを見て問題点を発見したりもします。

このようにやることが多岐にわたるため、これまでのノウハウがそのまま使えることはまずありません。それだけ柔軟な思考が求められるということですので、固執した考え方をしていては、すぐに行き詰まってしまいます。

ゆえに、ＩＴコンサルには、これまでの考え方にとらわれず、**「ゼロベースで何が最適かを考える」思考**が育つのです。

この、ゼロベースに戻す習慣は、慣れるまではその都度、パフォーマンスの低下を招くものですが、一度身につけることができると、どんな場面においても成果を確実に出せるようになっていきます。

あるいは、仮にプロジェクトがうまくキックオフできなかった場合にも、早急にゼロに戻して、ゴールまでのよりよい道筋を見つけることができるのです。

本書を手に取ってくださっている方の多くはＩＴコンサルではないと思いますので、半年から1年に一度、いつものやり方をリセットする必要はないかもしれません。でも、それまでやってきた仕事の仕方が、そのままいつでも「次の機会」にも当てはまるとは限りません。

状況の変化に合わせて戦略的に過去の成功したやり方にも疑いをかけ、**「ゼロベースに戻す」ためのものの見方・考え方を知ること**が重要なのです。

▼マインドセット③

その「デキる人」像は大間違い

▼上司の指示は「真面目にこなす」が正解か

上司から何か指示をされたとき、ビジネスパーソンの反応は大きく2つに分かれます。

A　言われたことを着実にこなす「優等生タイプ」

B　納得いかないならば迷わず意見を言う「こだわりタイプ」

あなたはどちらのタイプでしょうか？　そして、どちらのタイプが「仕事がデキる」と思いますか？

仕事で成果を出している人の多くは、実はこだわりタイプです。オフィスで周囲を見回してみてください。優等生タイプよりもクセの強い人のほうが、課長や部長になっているのではないでしょうか。

こだわりタイプがよくする発言は、次のようなものです。


「そもそも前提が違っているのでは？」

「目的を変えるべきでは？」

「この作業は意味がない」

「無理なものは無理」

「その意見は間違っている」


ズバッと自分の意見を出すことが多く、強い口調にもなりがちなので、なかには苦手意識を持つ方もいるかもしれませんね。「頑固だな」「面倒な人だな」とも思うかもしれません。

しかし、その発言には共通する特徴があります。それは、普段からかなり「思考」していて、**常に思考に基づいて発言している**ということです。強く断定するからには根拠もあり、責任を持って取り組むので成果に早くたどり着く傾向にあります。

仕事では、学校で習ってきた勉強とは違う力が求められます。私の周りでも、**自分なりに考えて突き進む力を備えた上で、周りの様子を見て調和をとっていくEQの高い人ほど、仕事がデキる傾向にあります。**

▼「ズルしてでも成果を出す」は是か非か

さらに言えば、多少のズルができるタイプのほうが、仕事では成果を出しやすいと私は考えています。ズルといっても、犯罪のような類《たぐ》いのものはもちろんNGで、学校の宿題を友だちに書き写させてもらったとか、掃除当番をちゃっかり別の人に代わってもらったなどです。

私自身は、「ズルは絶対にしたくない」という生真面目な性格でした。「努力すればいい結果が待っているはずだ」と考え、1人で四苦八苦しながら膨大な時間をかけて取り組むことが美徳だとさえ思っていました。

しかし、社会人になって仕事を始めて気づいたのは、「真面目にしか取り組めない」ということは、むしろ足かせだということです。

新人で最初に配属されたプロジェクトでは、ある大企業のＩＴ企画を担当したのですが、そのときにクライアントの課長から言われたのが、

「新人の柔軟な発想力で、働き方を変える提案をしてみてよ」

ということでした。「新人の柔軟な発想力」と言われたからには、私は1人で考えて答えを出そうと意気込み必死で取り組みました。しかし経験も知識もないのに、いいアイディアが出るわけがありません。結局、何の案も出せずにその課長からはガッカリされてしまいました。

今、振り返ってみれば、課長の「新人の柔軟な発想力」という言葉が、「新人が全部1人で考えて」という意味ではなかったことは明らかです。同期やリーダーに助けを求めてでも、何かしらの解を新人として出してみて、ということだったと思うのです。

あるいは、たとえ課長が文字通りの意味で「新人の柔軟な発想力」と言っていたとしても、案が何もないよりは、誰かの知恵を借りてでもいいアイディアを出したほうがよかった、というのは間違いありません。

仕事は成果がすべてです。「上位者の指示に生真面目に従う」ことや「相手の言葉を文字通りに受け取って一生懸命努力をする」ことが、結果を出すための最善の方法でないことは往々にしてあるものです。

「そもそも、自分が描いている〝デキる人〟像は適切か」と疑ってみることが、成果を上げるために必要なマインドセットのひとつなのです。

▼マインドセット❹
「見た目」や「礼儀」を優先するな

▼「資料の見た目」は最後のおまけ

みなさんは普段、パワポの資料をどれくらい丁寧に作成していますか？　グラフを配置して見やすくしたり、オブジェクトの配置を整えたり、グラデーションを使ったきれいな体裁に整えたりすることに、多くの時間を使ってはいないでしょうか？

細かいところに凝って資料をつくると見た目がよくなり、質の高いアウトプットが出ているように思えます。しかし、あなたがより早く、より高い成果を出したいと思うならば、**まずは見た目のこだわりを捨てる**ところから始めるべきです。

例えば「コストカットのために人員を削減する」という方針が書かれたスライドは

いかがでしょうか。これは、どの企業においてもごく当たり前のことですよね。「具体的には？」「どの部署の？」「何人くらい？」「いつまでに？」という中身がなければ、どれだけ丁寧にカッコイイ資料に仕上げたとしても、ペラペラな内容であることを相手には一瞬で見抜かれてしまうものです。

仕事がデキる人は、資料もたいていカッコイイから、自分もやってみようと思いがちですが、デキる人たちは**最後の最後にお化粧さながらにカッコよく仕上げているだけ**なのです。

最初は体裁も整えず、グラフや図も使わず、無機質で構いません。まずは「中身」にこだわって資料をつくることから始めてみましょう。

▼中身で勝負するための3つの秘訣

資料も見た目も文章も結局は中身が重要、ということは、これまでお伝えしてきた通りです。それでは、仕事において「中身で勝負する」とは、どういうことなのでしょうか。ここでは、中身で勝負するための基本的な実践方法をお伝えします。

【実践①】直球でいきなり会話しよう

メールやチャットを送っても、なかなか返事が来ないことはありませんか？ そのようなときに、もし職場で相手とバッタリ会ったなら、挨拶《あいさつ》はほどほどにして、直球で話しかけましょう。

「あ、お疲れさまです、○○の件ですけど……」

いきなり本題を切り出すとびっくりされるかもしれませんが、それも一瞬です。相手もすぐに頭を切り替えて応対してくれ、素早く会話が終わるでしょう。忙しい人と話すときこそ**できる限り直球で会話するほうが、お互いにとって時間の節約になり、むしろ喜ばれるはず**です。

こうした直球勝負は、とにかく短期間で成果を出すことが求められるＩＴコンサルの場合には好まれる方法です。ハッキリと言う傾向にあるので、特に他業種の人からは「冷たい人だな」「無遠慮な人だな」などと思われることもあるようですが、それだけで評価が落ちるということはありません。

丁寧で体裁がきちんと整っていることよりも、中身がしっかり考え抜かれているほうが、信頼も勝ち取れるものなのです。

【実践②】「印象のよさ」よりも「成果を出せる人」であることを重視する

仕事の中には、自分の実力ではまったく歯が立たないものもあります。私もこの仕事に就いて約20年になりますが、いまだに多く遭遇します。

このように、自分の持っている知識やスキルでは成果を出せない状況ならば、誰かに聞くしかありません。

「こんなことを聞いたら、相手にどう思われるかな？」

「質問が多くてうんざりされているかな？」

「初歩的なことを聞かれていると思われないかな？」

「せっかちだと思われてしまわないかな？」

などの印象（見た目）を気にしている場合ではないのです。

急いでいるのに返信がなければ「お忙しいと思いますが返信いただけるとうれしいです」などと添えて、しつこくリマインドするべきです。切羽詰まっているのであれば、成果を出すために**嫌がられることを気にせず、なりふり構わずにどんどん聞きましょう。**必死な気持ちを伝え続ければ、必ず聞いてくれるはずです。

【実践③】文章はできるだけ箇条書きで書く

みなさんは、長い文章を丁寧に書くのに四苦八苦していないでしょうか。メールも資料も、文章ひとつ組み立てるだけでもけっこう骨が折れる作業です。主語・述語の対応に注意しながら、文末もですます調に統一しなければなりません。接続詞を使う場合は、文章同士の整合性を確認しなければなりません。文章が長くなると、書いている自分でも何を言いたいかわからなくなることさえあります。

こうして礼儀を重んじて苦労してつくった文章も、長ければ長いほど、読むほうは頭を使わなければなりません。

結果として、長い文章は、「書くほうもつらい・読むほうもつらい」ということになりがちです。

この、文章ならではの難しさを解消するためにＩＴコンサルが駆使しているのが、

- **箇条書き**
- **体現止め**

です。この２つのワザを使うことで、最低限の言葉で情報を伝えられるようになるため、手間も時間も省略することができます。

例えば、人事部に配属されたあなたが、新たな取り組みの案をリーダーにレビューしてもらうとして、この２つのワザを駆使して書くと次のようになります。

資料の骨子についてコメントをいただけますか？

【課題】離職率の増加（XX％増）

【対策】タレントマネジメントシステムの導入

①スキル可視化→配属の見直し、②モデルケース定義→個人目標の明確化

このメールで言いたいのは、「離職率が増加しているので、システムを活用することで社員の満足度を上げていこうという試み」の提案ですね。具体的には、「社員一人ひとりのスキルと、配属先に求められるスキルを可視化することで、スキルのミスマッチを防ぐ手立てとする」ということです。さらに、「モデルケース定義」とあることから、「社員が将来、どのような人物像を目指すといいかというイメージが明確になり、仕事に対するモチベーションを上げる」という効果が期待されます。

箇条書きの少ない文字からでも、ここまでの内容を読み解くことができるのです。そう考えると、長い文章を、時間をかけてつくるのはもったいないと思いませんか？文章もきれいで丁寧な「見た目」よりも、**筋肉質で要点のみを凝縮した「中身」にこだわる**ほうが、はるかに短時間でアウトプットを出せるはずです。

▼マインドセット❺

「スキマ時間」×「小刻み仕事」を積み上げろ

▼優秀な人は「小刻み仕事」が天才的にうまい

あなたの周りにいる優秀な人に注目してみてください。いくつもの会議に呼ばれ忙しいはずなのに、すぐにメールの返信がきて、資料もいつの間にかできているという人はいませんか？　そういう人は、急な相談にも親身になってくれて、いいアイディアをくれたりするものです。

一方、多くの人は1日のスケジュールがギッチリ詰まっていて、圧倒的に時間が足りていないという状況に陥りがちです。会議で忙しく、資料をつくる時間も足りず、パツパツで余裕がなくて苦しい……。あなたもこのような状況になってしまってはいないでしょうか。
両者は同じように時間がないはずなのに、どうしてこのような違いが生まれるのでしょうか？

優秀な人が優秀たるゆえんの1つに、日常における「スキマ時間の使い方」が非常にうまいということが挙げられます。**デキる人はわずかな時間も無駄にしません。**

会議と会議の合間に資料をつくったり、人を待っている間にメールをさばいたり、少しでもチャンスがあるなら小さな仕事をバシバシこなしているので、塵《ちり》も積もれば山となり、気づいたら仕事がどんどん前に進んでいるのです。

みなさんは、少し時間が余ったときに「ちょっと休憩しよう」としていませんか？
少しの時間はむしろ、小さなタスクをこなすチャンスです。スキマ時間をフル活用して、確実に成果を上げていきましょう。

▼どんな局面でも「話は2分」で

スキマ時間は、人との会話にも適しています。ちょっと聞きたいことや連絡したいことであれば1往復前後のやりとりで終わるので、サッと済ませてしまいましょう。スキマ時間に人に話しかけるにあたり、私がいつも気をつけていることがあります。それは「**たとえどれだけ複雑な話をしたくても、2分以内に話す**」ということです。

なぜ2分かというと、それは、2分で伝えられるくらいが情報量としてちょうどいいからです。

私たちは、何かを伝えようとすると、「相手に背景を伝えなきゃ」「〇〇さんの発言も伝えなきゃ」「懸念もちゃんと伝えなきゃ」など、様々な情報を付加したくなります。しかし、情報を増やすほど相手に伝わるようになる、というものではありません。

そもそも話が長いと相手はうまく理解できません。また、スキマ時間での会話は、そのタイムリミットが来れば中断するしかありません。あとでまた同じ話をしなければいけないとなると、かえって時間がもったいない、ということになってしまいます。

2分で簡潔に話すコツは**「①何のトピックか」「②自分の意見は何か」「③相手に求めるアクションは何か」の3つを端的に話すこと**です。目安は①②③それぞれ30秒くらいにまとめるといいでしょう。

▼私たちの日常は意外なほど「スキマ時間」にあふれている

この項目を読んで、「活用するほどのスキマ時間がない」と思った方も、もしかしたらいるかもしれません。しかし、普段の仕事において、誰もが意外なほど多くのスキマ時間を隠し持っています。

例えば、「会議と会議の間の30分」「会議が早く終わったときの、残りの15分」「会議へのメンバーの参加が遅れていて、待っている5分」など。会議あれば必ずスキマ時間ありといってもいいほど、会議とスキマ時間はワンセットです。

もし、スキマ時間を使わないとどうなってしまうでしょうか？　会議だらけの日であれば、18時頃からようやく、たまったメールをさばくことになるでしょう。メールの内容がわかりづらくてチャットや電話で聞きたいと思っても、相手はすでに帰宅していて連絡がつかない、なんてこともあり得ます。そうなれば、翌日にやりとりを再開することになるので、仕事のスピードが一気に下がってしまいますよね。

会議だけではありません。「提出した資料に上司が目を通してくれている30分」「コピー機の順番待ちをしている5分」「ひと仕事終えてランチタイムまでの15分」など、おそらくスキマ時間は至るところにあるのではないでしょうか。積み上げると、1日に1時間や2時間にもなっているはずです。

このわずかな時間を無駄にしてはいけません。**スキマ時間ができたら、むしろラッキーと思って、ここぞとばかりに小さなタスクをさばいてしまいましょう。**長時間労働回避のカギは、日中のタスクのスキマで、できるだけ、やるべきことをこなしておくことにあるのです。

▼スキマ時間の「やること」は所要時間で考える

では、実際にスキマ時間で何ができるものでしょうか？　「30分」「15分」「5分」のそれぞれのケースで、ＩＴコンサルの中でも優秀といわれている人たちから学んだ時間の使い方をお伝えします。

【実践①】30分でできること

- 資料の骨子をつくる（ラフでもいいのでつくりきる）
- 情報を整理する（そして1つでも新たな見解を出す）
- 緊急かつ重要な課題をディスカッションする（次のアクションを決めきる）

30分のまとまった時間があれば様々なことができます。5分ずつの細かいタスクをたくさんこなすために使うのではなく、**「一気通貫」でやりきれるタスクにあてる**と大きな効果を得られます。ポイントは、**ただ作業にあてるだけでなく、何かしらの結果（新たな見解や次のアクションなど）を出すこと。**

ひとまとまりの時間だからこそ、少し複雑な物事に取り組むチャンスです。

【実践②】15分でできること

- メールに返信する（相手にボール渡す）
- 前の会議を整理する（自分のタスクへの落とし込み）
- 明日の予定を組み立てる（作業のスピードアップ）

15分あれば、**何か1つの「部分作業」を完結させることができます。**頭の中で整理した物事をまとめて文章化したり、相手から受けたメールに回答することもできるはずです。

メールは、あなたが受け取った状態で置いておいてしまうとボールを持ったままになり、物事が前に進まなくなってしまいます。スキマ時間には積極的にメールを返信し、さっさと相手のマターにしてしまいましょう。そうして次の会議が終わった頃に相手からの返信が来ていれば、さらに話を進めることができます。

15分のスキマ時間を活用して「遅かれ早かれやらなければいけないこと」をさっさと終わらせて、自分を身軽な状態に整えておきましょう。

【実践③】5分でできること

- メールを読む（アクションが不要なものを一読）
- 会議を設定する（雑務の一端）
- 次の発表の準備をする（成果を最大化するための一手）

5分でできることは単発モノです。たまったメールのうち、返信が不要な読むだけのものに目を通しておくとか、会議を設定するという雑務が適しています。

あるいは、その後の会議があなたにとって重要な発表の場であれば、話し方を整理しておく時間にあてることも効果的です。

5分という時間は案外短く、あっという間に過ぎてしまいます。しかしそれでも、

6回積み上げれば30分に。この小刻みの時間をうまく使えると、驚くほど速く物事が進むようになり、定時後に早く帰宅できるようにもなるはずです。

▼ポイントは所要時間とスキマ時間の「見積もり精度」

30分、15分、5分のスキマ時間を使うときに注意しなければいけないことは、**「どれくらいのスキマ時間が確保できるかを見極めること」**と、**「その時間内に見込んだ作業は必ず終わらせること」**です。

これを言い換えると、**「そのスキマ時間内に終わらないことは始めない」**ということになります。

例えば会議の遅刻者を待っているとします。このとき、その人がいつ来るかもわからないのに長文のメールを書き始めてしまうのは悪手です。というのも、その人が参加した瞬間に作業が強制的に中断されることになり、あとで再開する際にまた「読み直し」や「再整理」といった手間が生じてしまうからです。

あるいは、15分しかないとわかっているときに難しいことを検討し始めてしまえば、頭の中での整理だけで手いっぱいになり、何のアウトプットも出ないまま時間が過ぎてしまいます。そうなれば、次は思い出すところからの再開です。

こうした二度手間を生んでしまえば、せっかくのスキマ時間をうまく活用できているとはいえません。

優秀な人はスキマ時間を正しく見極め、その時間でできる適切なタスクをうまく当て込んでいるために、どんどん仕事を進められているのです。

みなさんもスキマ時間の使い方の精度を上げて、定時内でこなせる作業量を格段に増やしましょう。

▼マインドセット❻

1日に5分だけ主人公になればいい

▼「アウトプットがゼロの日」は絶対につくらない

「今日は一日中、資料の作成に没頭していたなぁ」

という日はありませんか？　個人ワークとしての資料の作成は、一見、タスクを前進させているように感じられるかもしれません。しかし、それがアウトプットかというと疑問です。

なぜなら、資料をレビューしてもらうまでは、正しい方向に進んでいるかどうかがわからないからです。後日のレビューで方向が全然違うと指摘されれば、アウトプットはゼロになってしまいます。このように「結果的に無駄な日」ができてしまうのは、非常にもったいないですよね。

そうならないためには、必ず**「1日に1回はレビューの場を設ける」**ことです。上司や顧客との会議を設定し、あなたの資料や考えに問題がないかを確認しましょう。

▼主人公になるには、まず「場の設定」から

この観点で、現状のあなたの予定表を確認してみましょう。自分1人の作業だけで終えてしまう予定の日はありませんか？　もしあるならば、さっそく上司や顧客からのレビューの会議を設定しましょう。

レビューの内容は、スライド1枚でも、わずか数行の文章でも構いません。また、時間は5分でも10分でもOKです。まだ完成していないことで、指摘が多く修正箇所が膨大になったり、そもそも取り組む上での新たな問題に気づくという結果になっても構いません。対応すべきアクションが明確になったのであれば、それはむしろプラスに捉えるべきです。

とにかく重要なのは、**一日中自分の殻に閉じこもって作業に没頭しないこと**です。

ところで、上司からの指摘をネガティブに捉える方がいます。そういう方は「毎日上司からレビューを受けなさい」というアドバイスを、大変すぎると感じられるかもしれません。しかし、それはあまり気にしないで大丈夫です。なぜなら、上司は一段上の立場から物事を見ているので、あなたにはない情報を多く持っているからです。

指摘の多くは、あなたが能力不足だからではなく、よりよいものをつくるためになされるものです。ときには手戻りもあるかもしれませんが、全体的に見ればそれも「前に進む」ということです。

また、あとでまとめてレビューをもらうよりも確実に全体の作業量も減りますから、「比較すれば100倍いい」といっても過言ではありません。

▼会議で「物事を動かす発言」をすれば主人公になれる

会議についても「アウトプット」という視点で考えましょう。「参加するだけ」「進捗状況を淡々と話すだけ」ではアウトプットとはいえません。

反対に、会議でのあなたの発言がきっかけとなって物事が動いたり、何かアイディアを出せたならば、それは大きな成果です。

ただし、会議の発言は「すればいい」というものではありません。ここでいう成果とは、誰もが思いつくような当たり前のコメントではなく、「おっ、すごいね」と驚かれる案や意見を出せることです。このときの最高の褒め言葉は、誰かがあなたの発言を受けて、

「○○さんが言ってくれた通り」

と言ってくれたときでしょう。この言葉が出てくれれば、あなたの発言が起用されて、物事を前に進めることができているといえます。

▼会議で5分間主役になるための「事前の準備」

こうした「物事を動かす発言」を会議でできるようになるには、**いかに事前の準備を行うか**が重要です。

私の場合、会議に臨むにあたり、事前に議題を把握し、先回りして議論を予測し、会議の場で使えそうなネタのストックをいくつか用意しています。

このとき、自分の準備したネタを会議の場で出すために活用しているのが、**「自己解決型ストーリー」**です。議題に関して、「ここはマズイです」という問題を自分から炙《あぶ》り出して、みんなで少し悩み、そして最後に「こうすべきです」と準備してきた解決方法を提示して収束に持っていきます。この手法は少しあざといパフォーマンス的なものではありますが、その議題において重要な問題点を指摘し、解決することになるので、タスクを円滑に推進するためにも必要なプロセスといえます。

問題を指摘するだけならば簡単で、誰にでもできます。しかし、それだけでは物事は動きません。事前に解決案を準備しておくことで、次のアクションにつながる有益な発言ができるようになります。あなたの見せ場は、自分でつくり出していきましょう。

▼マインドセット❼
"3倍速"を実現する、環境の整え方

▼優秀な人ほど「全集中」がうまい

あなたは普段、どれくらいの時間、集中力を持続した状態で仕事に取り組むことができていますか？

昨日の自分を少し振り返ってみてください。メールを読んでいる最中に他のメールも気になって見てしまったり、「ピコン」とチャット通知を受けてついチャットを始めてしまってはいなかったでしょうか？

何かを深く考えている最中に中断してしまうと、もう一度同じ思考を繰り返さなければならなくなります。文章を途中まで書いていたとしたら、どういう考えでそこまで至ったのかを再度考えなければなりません。

何十分もの間、他のことに一切気を取られず、1つの物事に完全に集中して没頭するのは難しいものですが、中断の代償は決して無視できません。注意力が散漫になり、頻繁《ひんぱん》に作業を中断してしまうと、パフォーマンスは確実に下がるといえるでしょう。

▼「全集中」できる時間は3倍に増やせる

人間の集中力に関しては、いくつかわかっていることがあります。

まず1つめが、一般的に、**人間の集中力は15分で切れる**ということです。そもそも生物は、1つの物事に集中できないようにできています。一点集中で獲物を狙っている瞬間は、周りを気にできず無防備になってしまうので、外敵から身を守るためにも、普段は一点集中しない状態が望ましいわけです。

次に、**完全に集中できている時間は、取り組み全体の1／3くらいにすぎない**こと

「全集中」すれば効率は3倍に

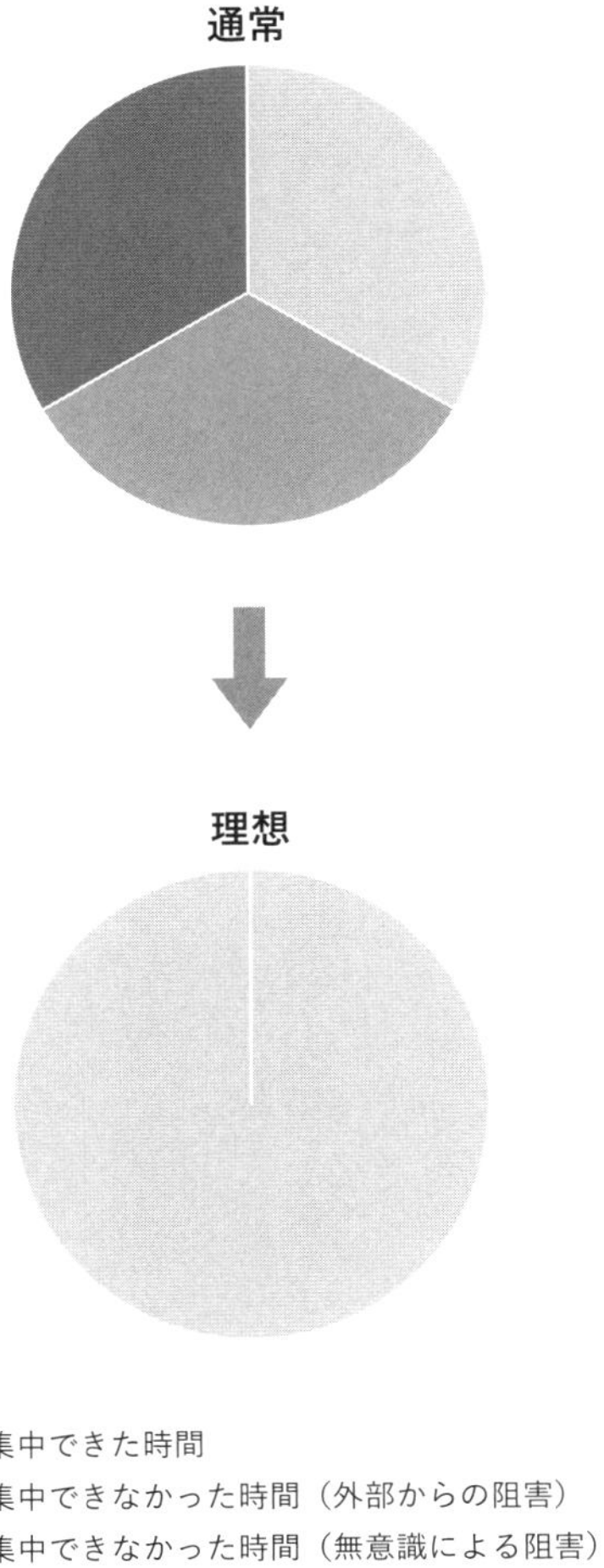

もわかっています。
例えば、あなたが1時間で資料を作成した場合、周りが何も気にならないくらい完全に没頭できるのは20分くらいということです。残りの40分は、声をかけられて別のことに対応してしまう「外部からの阻害」と、気づいたら別のことに意識が飛んでしまう「無意識の阻害」により、中断したり集中力が低下した状態になっているというわけです。

さらに、人間はどれだけ限界まで集中したとしても、その集中は長くて90分しか持たないこともわかっています。ただしこれは**裏を返せば、うまく工夫すれば90分は全集中ができるということ**です。
ならば、「外部からの阻害」と「無意識の阻害」をうまくマネジメントして集中状態を継続することができれば、1時間を完全に集中した状態に保つことが不可能ではなくなります。実質3倍のスピードで仕事をこなせるようになるのです。

実際、成果を出せている人は、集中して取り組むことができる環境をしっかり整えて、一点突破することがうまいものです。さっそく、集中力を高く保てる人が実践している方法を見ていきましょう。

▼外界をシャットアウトせよ

集中力を高く保てる人は、外部からの阻害をシャットアウトして突き進むことができるからこそ、考え抜かれた精度の高い案を短時間で導き出すことができています。

では、あなたが集中して取り組みたいと考えているのに、外部から邪魔が入り阻害されてしまうケースに対しては、どのような対処法があるでしょうか？　ここではその方法を3つ紹介します。

【外界のシャットアウト①】強い意志でメールは開かない

まず、何かに必死に取り組んでいる最中には、メールを絶対に見ないことです。

ずっと同じことに取り組むのはつらいため、多くの人はつい、作業中にもメールを見て、気分転換をしようとしてしまいがちです。

しかしメールを見たら最後、のめり込んで抜け出せなくなってしまうことがよくあります。褒められてモチベーションが上がる内容ならよいですが、ネガティブな内容だと気になって今のタスクに手がつかなくなってしまうでしょう。

完全に集中する時間をつくりたいときは、誘惑に駆られないように、メールアプリ自体を閉じておきましょう。

【外界のシャットアウト②】チャットのポップアップを出さない

チャットを受信するとパソコンの右下にポップアップが出てくる設定にしている人をよく目にします。この場合、自分がメンションされると目立つので、すぐに内容を見たくなりますよね。「急ぎの話なのだろうか?」「重要な話なのだろうか?」などと気になってしまうものです。

さらに、チャットは開いて既読がついてしまうと相手にもそれがわかってしまうので、すぐに反応しなければならない義務感に駆られてしまいます。

チャットで集中を阻害されないためにも、ポップアップの設定をＯＦＦにするか、チャットアプリ自体を閉じておきましょう。

【外界のシャットアウト③】人が少ない場所に移動する

最近はフリーアドレスを推奨している企業も多いと思います。そうした企業にお勤めの方に特に有効なのが、「集中したいときはできるだけ周りに人がいない場所に移動する」という方法です。

フリーアドレスは作業に行き詰まったときに気軽に会話できることがメリットですが、一人で集中する環境としては向いていません。例えばチームのメンバーが近くにいると話しかけられて作業が中断してしまいますし、隣で大きな声の人がミーティングを始めてしまったら気が散ってしまうためです。

できるだけ人とは距離を置いた場所を確保することができれば、それだけ集中力を長く保つことができるはずです。

一人の場所を確保することがなかなか難しい場合、逆に、あえてとびきり賑《にぎ》やかな場所に飛び込んでみるのも手です。多くの人が話している環境であれば、全部でひとつのノイズとなり個々の会話が気にならなくなって集中しやすくなります。

▼自分に適度なプレッシャーをかける

集中していたはずなのに、気づいたら「他のことを考えてしまっていた」「少しぼーっとしてしまった」ということは誰にでもあります。長時間にわたって集中し続けることは簡単ではありません。

集中力を高く保って考え抜かれた精度の高い案を短時間で導き出すことのできる人は、**自分に適度なプレッシャーを与える**ことで、無意識に別のことに気を取られないように工夫しています。優秀な人は集中力を落とさないためのメンタル面での工夫をしているのです。

【自分に適度なプレッシャーをかける方法】背水の陣を敷く

この方法は非常にシンプルです。

まず、タスクを1時間くらいのカタマリに分解し、1時間で終わるか終わらないかギリギリのラインでゴールを設定します。そして、「もし1時間の中でやりきれなかったら、もう次はない」という背水の陣の覚悟で着手するのです。このように、自分にプレッシャーをかけて取り組めば集中力が高まります。

この方法の効力は、これまでにあなたがスポーツの試合や音楽などの発表会を経験されていたらイメージしやすいかと思います。

本番では、成功することだけを意識して一点集中しますよね。本番の最中にその日の晩ご飯のおかずや来週の旅行のことを考えている人はまずいないはずです。

これまで取り組んできたことの成果を出す場においては、成功したいという思いとプレッシャーがのしかかって、集中力が発揮されるのです。

自分への背水の陣とは、この**「本番と同じ100%の集中力をもって取り組もうと**

する」ことです。「この時間で資料をつくりきらなければ、中途半端な状態でも上司に持っていってしまうぞ？」などと自分にルールを課して本気で取り組むことができれば、効率が跳ね上がるでしょう。

私の場合は、部下のレビューをするときも同じ考え方をしています。レビューは気になったことを順番に指摘すればいいわけではありません。相手のレベルを見極めて、理解しやすい言葉をチョイスし、決められた時間の中で目標を達成できるように頭をフル回転させて誘導していくことが求められます。それを全力で行うのです。

このように集中して取り組んだ後は相当な疲労感に襲われるはずです。脳がジワッとしびれる感じになり、**定時後には話す気力がなくなるくらい疲弊している**かもしれません。この状態になったなら、かなりいい傾向といえるでしょう。それだけあなたが集中できていたという証拠なのです。

睡眠で脳に“スペース”が生まれる

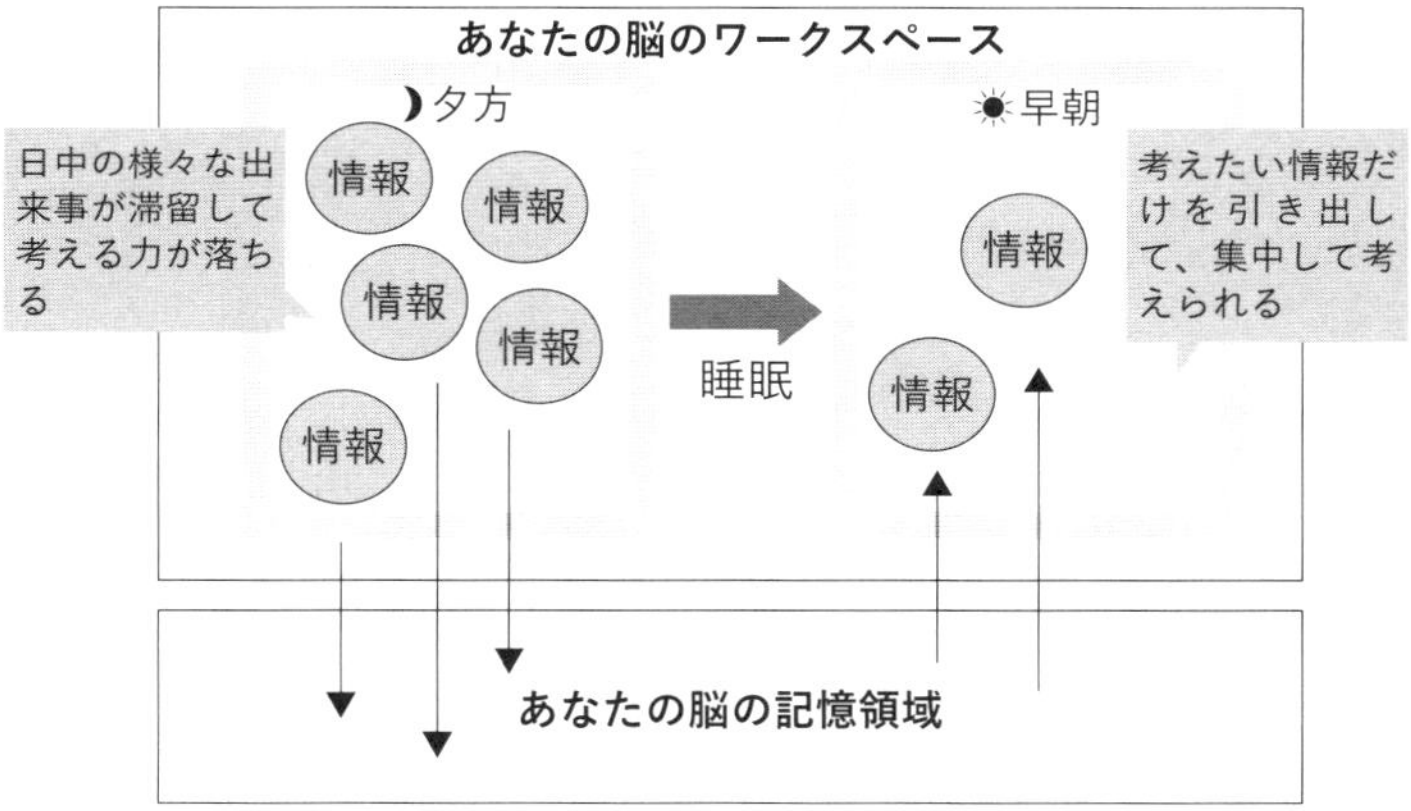

▼午前はゴールデンタイム・午後はボーナスタイム

多くのビジネス書でも取り上げられていますが「朝は仕事が捗《はかど》る」ことは間違いありません。私は毎朝7時前にスターバックスに並んで一番乗りし、お気に入りのカウンター席で難しい作業に取り組むようにしています。誰にも邪魔されず、集中モードで、9時までにその日につくるべき資料を片付けるのが習慣です。

朝一番は1日の中で最も頭がスッキリして、物事を深く考えることができる時間です。これを有効活用するのです。

ところで、なぜ朝は作業が捗るのでしょうか。それは、夜の間にあなたの脳のメモリ（一時的な脳のワークスペース）に保管された情報が解放されてスペースが空き、考えるために必要な情報を置いておける状態になるからです。

反対に夕方になると、日中の会議や読んだ文章などの様々な情報が、脳のワークスペースに残った状態になってしまいます。その状況でいくら頑張って考えても、**考えて導き出した新たな情報を置いておけるスキマがありません。**

そうした脳のワークスペースが、夜に寝ることで整理されてまたスッキリした状態に戻る、という原理です。

前日に考えたことでも、翌朝にはもう一度、記憶領域から情報を引き出して考えることになりますが、脳のワークスペースに余白が多いので、新たな「見解」を生み出しやすいといわれています。

この午前中のゴールデンタイムを有効活用し、あなたのメインとなるタスクに集中しましょう。

そして、午前を頑張れたのであれば、午後はボーナスタイムと考え、**あなたの成果をさらに磨くための時間にあてる**のです。よりよい成果に仕立て上げるために、論拠を補強したり、新たな情報を取り入れてみたり、想定問答を準備したりしましょう。

このように余裕のある状態で仕事に取り組むことができると、ミスが減って冷静な判断ができるようになり、早く成果を出せることになります。

▼心を落ち着けて集中力を高めるとさらに効率が上がる

集中することはいいことですが、あまりに気合が入りすぎてガチガチに肩に力が入ってしまうと、今度は視野が狭くなって発想も広がらなくなってしまうので注意しましょう。**心を落ち着けて「凪《なぎ》」の状態にしてから取り組む**と爆発的なスタートダッシュを切れるようになります。

私は大学の頃に体育会ソフトテニス部に所属していたのですが、その部活では大学の代表として成果を残すことだけが問われていました。勝つことだけが正義という非常に厳しい環境だったのを覚えています。

このときにプロのトレーナーから教えてもらった、集中力を上げて実力を発揮するための「瞑想《めいそう》」を、今でも仕事に活用しています。ここでは、その方法を紹介しましょう。

立った状態でも座った状態でも構いませんので、まずは思いっきり拳《こぶし》に力を入れます。そして一気に力を抜くことを3回繰り返してください。

そして2回、ゆっくり大きく深呼吸をします。

このとき、頭の中は空っぽにして、大草原の真ん中でおでこにそよ風を受けながら心地よく寝そべっている状態をイメージします。

こうして気持ちが落ち着いたら、今度はこれから取り組むことをできるだけ細かく想像し、成功する自分の姿を頭の中に描いていきます。そして最後はアップテンポなノリのよい音楽を聴いて、前向きに頑張る気持ちを奮い起こします。

この瞑想法を取り入れてから、ニュートラルな状態から一気に集中力を高めるクセ

瞑想で心に「凪」の状態をつくる

がつき、練習のときから最高の状態で取り組むことができるようになりました。

仕事も同じです。**毎日の仕事一つひとつを本番だと思い、集中力を上げて「さぁこれからやってやろう」という気持ちで取り組む**ことができれば、効率は何倍にも跳ね上がります。

少しでも早く成果を出せるようになりたいと考えている人こそ、まずは即効性のある集中力の高め方を身につけることをおすすめします。

▼マインドセット❽

〝なぜ〟を武器に自分の成果を疑え

▼自分を疑える人ほど仕事がデキる

自信を持ってアウトプットを出したにもかかわらず、上司に険《けわ》しい顔をされ、

「考えが足りないね」

「もうちょっと頑張ってほしかったな」

と言われた経験はありませんか？

このように言われた経験のある方は、自分の何がダメだったのかをきちんと分析できなければ、何度も同じことを繰り返してしまいます。

常に自分を疑い、見直す習慣がついている人は、成果を外さないものです。

人は、自分や自分の成果物に対して、適切に評価し指摘することは難しいものです。他人のつくった資料であれば、たとえ新人でも「前提が書かれていなくてわかりづらい」「話の流れが唐突に変わっている」「急に専門用語が出ている」などと客観的な気づきを挙げることができますが、自分に対してはなかなかできません。自分を客観的に見られなくなった結果、冒頭で紹介したような自他の評価のズレが起きてしまうのです。

優秀な人は、**「自分」をうまく「他人」に置き換えて、客観的にツッコむ**ことができています。自分を疑うスキルを身につけ、早く軌道修正ができるようになれば、上司とのレビュー時間も短縮できるといえますね。

▼ネガティブシンキングが武器になる

本項目は、「ネガティブシンキング」のすすめです。

正直、私はかなりの心配性です。「こうするとうまくいかないだろうな」「こう言うとああ言われてしまうだろうな」「相手には違う意味に捉えられていないかな」と、悲観的に物事を捉えてしまうクセがあります。

ネガティブシンキングは一般的によくない面に注目されがちですが、しかし裏を返すと**最悪の事態を想定した危機意識が高い**ということでもあります。

「このままではマズい」という考えから、最初の案をさらにブラッシュアップして練り込んだり、質問されたときの回答を事前に組み立てることもできるなど、仕事においてうまく活用することで**「思考を加速」**させることができるのです。

もしあなたが自分のことを「評価が低いかも」「成果を出せていないかも」「このままではいけない」と思っているなら、正しく自分の状況を把握できているということです。

自分がつくった資料、送信したメール、会議で思わず言ってしまったこと、行動一つひとつを振り返って自分を疑う習慣を続けていければ、近い将来、確実に成長して成果を残せるようになると断言します。

反対に、普段から自分の出した答えにあまり疑いを持っていない人は、ふと立ち止まって、「最悪な事態が起きたらどうなってしまうだろう」と想像してみてください。

▼日常から「なぜ」を問うと、自分にダメ出しできるようになる

自分のアウトプットを自己レビューしてダメ出しできるようになるためには、普段から、**日常のあらゆることに疑問を持つことが大切です。**

疑問の対象は、どんなことでも構いません。

私は朝食によく牛丼の「すき家」を利用するのですが、あるとき改装工事で2週間近くも休業していました。部分的な改装ではなく、床や机や椅子もすべて取り換えるような大規模な工事でしたので「なぜここまでリニューアルするんだろう？」と不思議に思ったものです。

それで少し考えてみることにしました。

すき家は普段は24時間営業です。そのため、毎日の掃除では行き届かないところも

あるでしょう。定期的に全面改装することで、衛生面が配慮されているのかなと思いました。

また、改装工事が明けて再オープンしたすき家は、すべての商品が値上がりしていました。その理由を私は、改装による大きな出費がある中で純利益を維持するためにあえて考えられた手かなと想像してみました。

さらに同じタイミングで「80円クーポン」が配られました。急に値上がりすると顧客離れしてしまうかもしれないので、最初はクーポンを配ることでお買い得と見せて、値上げされた定価に慣れてもらうための一手なのかなと推測してみました。

結局のところ正解はわかりません。しかし日常生活で疑問を持てるようになると、仕事でも、自分のアウトプットに対して疑問を持てるようになります。「お客さんが言ったことをそのまま書いただけになっていないかな」「結論に対する根拠が甘そうだな」と、考えをブラッシュアップする思考ができるようになるのです。

▼「考える」は習慣になる

仕事で成果を出すためには、「考える」ことが必須です。ＩＴコンサルも例外ではないどころか、考えることが仕事であるといっても過言ではありません。

しかし私は、社会人になりたての頃は正直、考えることがあまり好きではありませんでした。そうした状況で「考えろ、考えろ」と言われ続けるのが窮屈で、あまりに頭痛がひどくなって行きつけのマッサージ師に「プロレス技のようにこめかみをグリグリしてください」と懇願したこともあります。

しかしそれでも「考える」ことを1年ほど続けた結果、自然と考え続けることが当たり前になり、成果を出せるようになったことを覚えています。頭の中で色々考えられるようになると、何に関しても好奇心を持って取り組むことができるようになり、考えること自体が楽しくなるものです。

日常で「なぜ？」を問えるようになることは、仕事で成果を出すために大事な習慣なのです。

▼3回の「タテのなぜ」と3回の「ヨコのなぜ」をクリアにしよう

みなさんは「なぜなぜ分析」をご存じでしょうか？　問題が起きたときに「なぜ」を繰り返すことで、根本の原因が何かを暴くための手法としてよく使われるものです。これを少しアレンジして、自分が出した結論に対する自己レビューとして使ってみましょう。

仮に、「この案で行こう！」と決めた案があるとします。それに対してタテとヨコ、それぞれ3回ずつ「なぜ」を明らかにするのです。

3回タテに「なぜ」を明らかにできれば、表層ではなく確かな理由をもって考えているといえます。3回ヨコに「なぜ」を明らかにできれば、相手に刺さるキーワードを選別できているといえます。

この2×3回の「なぜ」をクリアできていれば、あなたが出したアウトプットがしっかりと精錬されたものであると評価できるでしょう。

事例で考えてみましょう。上司から「現場に即効性のある業務改革の案を考えてほしい」と言われて、あなたは「7月から最新のRPAを導入して業務を効率化する」という案を出したとします。RPAとは「Robotic Process Automation」の略で、みなさんの普段のパソコン作業をロボットが代わり実施してくれる、はやりのIT技術です。

この例に対して、3回のタテの「なぜ」を使ってこの案がなぜベストかという理由を明らかにし、3回のヨコの「なぜ」を使ってベストなキーワードがチョイスできているかを明らかにしてみましょう。

①3回の「タテのなぜ」

タテに掘るときは、このお題が与えられた背景を明らかにすることがポイントです。「上司に指示されたから」ではなく**「困っている当事者の声」に目を向ける**とひもときやすくなります。

【なぜ1】**なぜ**この施策が必要なのか？
【理由1】**現場から声が挙がったから**
　　　　　　　←
【なぜ2】**なぜ**現場から声が挙がったのか？
【理由2】**残業が多くて困っているから**
　　　　　　　←
【なぜ3】**なぜ**残業が多くて困っているのか？
【理由3】**毎日の単純作業が多いから**

このように芋づる式に考えていけば、ＲＰＡを導入して業務を効率化するという案がよい理由を明確に説明できるようになります。

反対に、案を何とかしてつくったとしても3回の「なぜ」をクリアできていなければ、相手から「え、そもそも何のためなんだっけ？」と言われて理解を得られず、また案をゼロから考え直すことになってしまいます。

②3回の「ヨコのなぜ」

次にヨコの「なぜ」を明らかにします。

「7月から最新のRPAを導入して業務を効率化する」という文章から、**キーワードをピックアップします。**ここでは「なぜ7月か？」「なぜRPAか？」「なぜ最新か？」を選ぶといいでしょう。

この3つのなぜの根拠を、それぞれ明らかにしてみましょう。

【なぜ1】なぜ**7月**か？
【理由1】8月が繁忙期だから（現場が大変になる前に早く手を打ちたい）
【なぜ2】なぜ**RPA**がいいか？
【理由2】比較的簡単な作業が対象で、システムによる自動化に向いているから
【なぜ3】なぜ**最新**がいいのか？
【理由3】RPAの作成時間を短縮できる機能が、最新バージョンから追加されたから

このように一つひとつの言葉に対して理由を明らかにすることができれば、**相手に刺さるキーワードが凝縮された一文**を生み出すことができます。

自分のアウトプットを疑い、客観的に評価できるようになれば、的を外さず確実に成果を出せるようになるでしょう。

何度も繰り返して、息を吸うように「なぜ」を問える境地にたどり着けたなら、短い時間で確実に仕事をこなせるようになっているはずです。

2章

「圧倒的パフォーマンス」は〝ゴール設定〟が9割

あなたの「仕事のゴール」は何ですか？

▼「指示通り」では狙い通りのゴールにはたどり着けない

仕事の成果を上げたいときにまず考えなければいけないのが、「あなたの仕事（メインタスク）のゴールが何か」ということです。どれだけ効率化をはかっても、そもそもの**目指すゴールが間違っていたら成果はゼロ**です。取り組んだ時間も労力も「すべてが無駄になる」といっても過言ではありません。ゴールの捉え違いは、仕事における最大の非効率なのです。

なぜ本章の冒頭でこのような当たり前のことをお伝えするかというと、仕事でハイパフォーマンスを出せない方の多くが、ゴールを明確に捉えられていないまま走り出してしまっているからです。

例えばＩＴコンサルの仕事は、多くの情報が飛び交い、いろいろな人の思惑が絡み合い、状況が刻一刻と変化する中でなされています。そのため、上司から指示を受けたとしても、

「そもそも何のためにやるのか？」

「誰が得をすることなのか？」

などを正確にくみ取れないことがあります。

このとき、デキない方がやってしまいがちなのが、「とりあえず目に見える範囲で、何となくやれること」から手をつけるという仕事の仕方です。このように動き出すと、「ゴールを明確に捉えられていないまま走り出してしまう」ことになるのです。

まさにこれが間違いの元です。仕事の本質は、「上司にＯＫと言ってもらえること」でも「予定通りに進めること」でもありません。これらは通過点にすぎず、最終的なユーザ・最終的な効果に結びついて初めて、あなたの仕事に成果が出たことになりま

す。タスクのゴールは目先の上司や目の前の作業ではないのです。

▼優秀な人だけが持っている「ゴール設定へのこだわり」とは？

一方、**優秀な人ほど着手をする前の「ゴール設定」にこだわります。**目の前の指示だけでなく、最終的なユーザ・最終的な効果に対する自分の仕事の意味が明確になるまでは、安易に着手しないものです。

優秀な人がゴール設定にこだわるのには、2つの理由があります。

1つは、成果が**「ゴール設定×効率化」**で成り立つからです。とにかく効率化して素早くアウトプットを出したとしても、それがまったくの見当外れであれば、すべてが無駄になってしまいます。終着点への照準をしっかり合わせてから、少ない手数で無駄なく対処することで、圧倒的なパフォーマンスをたたき出すことができるようになるのです。

パフォーマンスを出すためにはゴールの明確化は不可欠であり、優秀な人はゴール設定にこだわるだけでなく、**与えられたゴールを正しく見極めるテクニック**も身につけているものです。

2つめは、上司から与えられた指示だけで、その真意を捉えきることが難しいからです。

多くの仕事は、職位の高い方からミッションを与えられ、指示を出されて行います。当然、上司は自分より高い視点から、多くの情報を持って仕事にあたっており、あなたの仕事は言い換えれば、上司の仕事から切り出されたものといえます。

上司はゴールにたどり着くための仕事の一部をあなたに割り当てているわけですが、細かく切り出された仕事だけを見ていても、本当のゴールは見えません。

ゴールが見えなければ、上司がどういう意図で指示を出しているのか、その本質を理解することはできないでしょう。意図がわからないまま作業を行っていては、高いアウトプットが出せるはずがありません。

出された指示という表層だけを見るのではなく、**その本当の意図や狙いを読み解くことが重要**なのです。

みなさんも、仕事で成果を出すために、まずはゴールを正しく捉えきりましょう。上司に寄り添い、しっかりと会話を積み重ね、上司の気持ちをできる限り読み解くことで、言葉尻からはわからない「全体の中で求められている役割」を把握するのです。着手するのはそれからです。

少々極端に言えば、**ゴール設定に9割のパワーを注いでも構いません。**ゴール設定には、それだけの価値があるのです。

もしあなたが今、「指示された作業だけをこなせばいい」と考えているならば、その考え方は即刻捨てて、リーダーの視点で全体を見渡し、求められた指示の一歩先を見ながら**「何のために」このタスクが必要なのかという理由を常に考えるクセ**をつけていきましょう。

▼ゴール設定❶

相手の期待値を見極めるためのコミュニケーション術

▼ゴールを外せば「成果はゼロ」

苦労して必死でアウトプットを出したのに、

「求められているものと違うよ」

「うーん、そういうことじゃないんだけど……」

と言われたことはありませんか？

例えば、「現場のユーザのために手順をつくってほしい」と上司に言われ、1週間かけて一つひとつの作業を明らかにする細かい手順を作成したのに、本当に求められていたのは作業の流れを示すフローのようなもので、1日でできる簡単なものだった、というようなケースです。どちらも同じ「手順」といえるものですが、アウトプットはまったく別物です。厳しい言い方になりますが、**ゴールを捉え違えていればあなたの成果はゼロ**であり、**かけた時間も労力も無駄だった**と言わざるをえません。

こうした、「ゴールの捉え違いによる成果ゼロ」は、実はさほど珍しいことではありません。

私の感覚値でいえば、上司の指示に「はい、わかりました」とだけ言って作業に取りかかった場合、期待へのミート率は30％くらいです。10の作業をして、方向性が合っているのが3つ、というのは仕事としては「ほとんど外している」といっても過言ではありません。どんな熟達者でも、ただ与えられた指示だけで、質問せずに取り組めば、期待通りの成果は挙げられないものなのです。

▼「曖昧な指示が悪い」と思っている人が見落としているポイント

では、ゴールの捉え違いが起こってしまったのは、上司の指示が悪かったのでしょうか？

先ほどの「現場のユーザのために手順をつくってほしい」という例で考えれば、たしかに指示がザックリしていたことは事実です。しかし、すべての仕事において上司が一から十まで懇切丁寧に段取りやアウトプットのイメージまで教えてくれることはありません。

上司の指示が曖昧であるならば、自分で必要な情報を集め、状況を見て、期待値を探りながらアウトプットを出すことが求められます。そのためにも、**まずは指示を受けた瞬間に上司から情報を引き出しましょう。**指示を受けたときにはすかさず、具体的に何をすればよいか、アウトプットのイメージがどのようなものかを掘り下げて聞くのです。

「どれくらいの記載レベルがいいか」

「どの範囲か」
「誰が使うのか」
「文字だけでなく画像つきがいいか」
「例外パターンも書いておくべきか」
「エクセルかワードか」……

など、気になることをガンガン聞いていきます。

あまり細かいことまで聞きすぎると「自分で考えろ」と言われるかもしれませんが、期待を外して何時間分もの作業が無駄になるよりはマシではないでしょうか。

このようなやりとりによって、期待とのミート率は70％くらいまで引き上げることができるはずです。

▼期待に100％ミートさせることはできるのか？

では、期待に100％ミートさせるためにはどうしたらいいでしょうか？

指示に対するアクションと期待値ミート率

アクション	作業者のスタンス	期待値ミート率
1	指示を聞いただけ	30%
2	指示の内容を掘り下げて聞いた	70%
3	指示の裏を読み解いた	100%

そのポイントは、**「指示の裏」まで読み解くこと**です。そのときに考慮すべきは指示を出している上司ではなく、「本当に困っている人」です。

手順をつくるケースで考えると、そもそも上司の指示の背景には、現場のユーザの何かしらの困りごとがあると考えられますよね。

「新しいメンバーが増えて手順がないと教育が大変」という理由かもしれませんし、「特定の手順で社外にも影響する重大なミスが出てしまったので、次のミスを防ぎたい」ということかもしれません。

この、指示の背景となる困りごとが違えば、つくるものも変わってきます。網羅的に手順をつくるべきか、部分的な手順だけでいいのかも変わりますよね。

指示の背景、つまりおおもとにある課題への理解が、ゴールを完全に捉えきるために必要な最後のパーツなのです。

ただし、こうしたおおもとの課題といった情報は、指示者である上司でも知らないケースもあります。上司も誰かの指示を受けているということがあるからです。

もし、上司に指示の内容を掘り下げて尋ねたとしても何も出てこないと感じたら、足を動かしておおもとの課題に関わる情報を拾いにいきましょう。

指示を聞いただけでなく、**「(具体的に)何をすべきか」**を明らかにし、**「(背景を読み解き)何のためにすべきか」**まで深掘りする。ここまでクリアにできれば、期待を外すことはまずありません。安心して作業に取りかかりましょう。

▼「オウム返し」で答えの糸口をつかむ

上司から指示を受けたものの、内容をいまいち理解できず、何を質問したらいいかもわからないということもあるかと思います。この場合は**「オウム返し」をする**と効果的です。要するに、相手の言葉を繰り返すのです。

私は新人の頃に、プリンシパル（執行役員）が直属の上司となって指示を受けていた時期がありました。ある日、その上司から急に言われたのが、「DRサイトにログシッピングでデータ同期する事例を調べておいて」

私は何を指示されているのかもさっぱりわからず、固まってしまいました。そもそもDRやログシッピングが私にとっては謎のワードでした。何について話しているのか見当もつきません。

しかし、ここで何も言わずに黙っていると、上司には理解できていると思われてしまいます。そして後日、的外れなアウトプットを出してしまい、呆《あき》れられてしまうだ

ろうと思いました。そこで半ば苦し紛れにオウム返しで、

「……ＤＲサイトにログシッピングで同期する……事例ですね……」

と、指示された内容をそのまま、少し自信なさそうに繰り返してみました。すると上司に、私が指示の理解に苦しんでいる様子が伝わり、

「そうそう、SQL Server の機能を調査して、遠隔地のＤＲでも利用できるかを調べてくれればいいから」

と補足してくれました。ここでやっと私にもピンときて、「ログシッピングは SQL Server というデータベースの機能としてあるもので、ＤＲとは遠い場所にサーバがあるという意味か。ログシッピングは近距離が基本だけど、遠距離で使えるかということを調べればいいわけか」と理解することができました。

オウム返しでとにかく場をつないだことで、追加の情報をうまく引き出すことができたのです。何も聞かずにモヤモヤしたまま作業に着手する状態と比べれば、何をすればいいかが格段に明確です。これによって、手戻りなく期待にミートする確率も跳ね上がったのは言うまでもありません。

この事例では、最初の指示をさっぱり理解できなかったので、私は上司の発言をなるべくそのまま繰り返すことにしました。しかし、ある程度、指示の内容を把握できた場合には、少しアレンジして**「自分の言葉」でオウム返し**をしてみましょう。

その際、あなたの理解が間違っていても問題ありません。その誤りを指摘してもらえれば、それだけで大きなプラスになるのですから。

▼「確認」しながら、上司から答えを引き出そう

オウム返しは相手の指示を理解するための有効な方法ですが、ときには「オウム返し」のワザを使っても指示が読み解けず、何から着手すればいいのかがさっぱりわからないというケースもあるでしょう。先ほどの例でいえば、

「DRサイトにログシッピングでデータ同期する事例を調べておいて」

と言われ、オウム返しをして、

「そうそう、SQL Server の機能を調査して、遠隔地のDRでも利用できるかを調べてくれればいいから」

という補足を得たものの、それでも「何のことかよくわからない」という場合です。

このようなとき、多くの人はさらに質問を重ねたくなるかもしれませんが、それはあまり得策ではありません。というのも、

「DRとは何ですか？」

「ネットで調べるべきですか？」

などの質問は明らかに素人レベルだからです。

「それくらいは自分で調べてね」

と言われるのがオチでしょう。そこで使えるのが、**質問はグッとこらえて「確認」する**という方法です。

「DRサイトはちょっと初めて聞く用語なのですが、メインとは異なるどこかの場所にデータ保管されているということですよね？」

などと確認すると、あなたがDRについてよく知らないことを相手に知らせることができます。こうした確認を伴う質問であれば、相手も答えてくれるでしょう。

また、調べ方がわからない場合には、

「事例はネットで調べても出なさそうなので製品ベンダーに聞くべきですよね？」

などと確認すると、

「それもいいけど、○○さんに聞いたほうがいいよ」

と答えてくれるなどして、最良の手立てを引き出すこともできるでしょう。

ちょっと**言い方を変えるだけで、相手の反応は大きく変わるもの**です。わからないからといって反射的に聞くのではなく、一呼吸置き、少し知恵を使って冷静に相手から情報を引き出すようにしましょう。

何かの指示を出す場合、上司はすでにある程度の答えのイメージを持っていることが多いものです。1人で悩んで悶々とするよりも、指示を受けたその場でどんどんコミュニケーションをとって、期待値を合わせていきましょう。

うまく上司を利用することができれば、あなたの仕事をより短い時間で終わらせることができるはずです。

▼ゴール設定❷

目の前のタスクの先にある「本当のゴール」の読み解き方

▼成果が確実に待つ「未来」とは？

117ページでも述べたように、上司の指示から「本当のゴール」を見抜くのは難しいものです。

次のページに、上司の指示から読む「目先のゴール」と「本当のゴール」の対応表を掲載します。あなたは普段、上司の指示に対して「本当のゴール」をどれくらい意識することができているでしょうか？

「本当のゴール」にたどり着けなければ、どんなに仕事を頑張っても、「あと一歩なんだよね」などと言われ、成果を認めてもらうことができません。

「目先のゴール」と「本当のゴール」対応表

上司の指示	目先のゴール（=言葉尻の指示）	本当のゴール（=求められていること）
「資料をつくって」	言われた通りに資料をつくる	●相手を説得する ●相手にアクションしてもらう
「会議をリードして」	アジェンダ通りに話す	●発散した議論を収束させる ●次のアクションを決める
「情報を聞き出して」	聞いた内容を伝える	●問題点を明らかにする ●今後の予定を明らかにする
「計画を立てて」	タスクを並べる	●前後関係を組み立てる ●遅れないための仕掛けをつくる
「問題を解決して」	事象を解消する	●根本原因を突き止める ●次から発生しない仕組みをつくる

いかがでしょうか。「本当のゴール」と「目先のゴール」にはここまでギャップがあるものなのです。

例えば資料作成の指示を受けたときに、ただ上司から言われた情報を盛り込んで文字通りつくるだけでは、アウトプットとしては中途半端です。

資料はただ読んでもらって終わりというものではありません。**相手を納得させて、次のアクションを起こしてもらうためのもの**です。このように考えれば、相手が、

「なるほど、わかった、やってみるよ」

と言ってくれるような資料ができて初めて「ゴールに達している」といえることにも、納得していただけるのではないでしょうか。

あるいは、会議のリードを依頼された場合も、淡々とアジェンダ通りに進めるだけでは形だけのファシリテーターにすぎません。誰かが反対意見を述べたときに議論を収束させたり、会議で出た結論に対して次のアクションを決めたりすることが必要です。

どのケースにおいても共通して大事なことは、**指示された文字通りのことをするだけではなく、「次にどうするべきか？」という、未来のアクションにつなげること**です。

デキるといわれる人はみな、先のことまで考えて動いているのです。

▼「進捗確認依頼」――求められているゴールは何か？

それでは、例えば上司から、

「担当者に進捗を確認してきてくれる？」

と依頼されたとして考えてみましょう。情報を集めた結果、

- 予定より2日程度遅延している
- 遅延の原因は担当者の体調不良

ということがわかったとします。

このとき、

「進捗は2日の遅延です。遅れの原因は担当者の体調不良とのことです」

と報告したならば、期待されているゴールにたどり着いたといえるでしょうか？

定量的な情報（2日）を盛り込み、理由（体調不良）まで報告できているので、十分だと感じる方もいるかもしれません。

しかし、この報告では上司の期待に応えているとはいえないでしょう。なぜなら、「次にどうするのか」という未来のアクションが含まれておらず、言葉尻で対応しただけのものだからです。おそらく上司からは、

「2日遅れたら全体としてはどうなるの？　影響は？」

などと聞かれることになり、

「確認します」

とあなたは奔走することになるでしょう。

それでは、このケースではどうすれば求められている「本当のゴール」に到達することができるでしょうか？

▼次のアクションを「3つ」考える

本当のゴールに到達するためには、**「次に自分が何をしたらよいのか」を3つ考えてみる**といいでしょう。

当たり前ですが、仕事は「遅れてしまっても仕方ない」というものではありません。遅れた分は取り戻さなければなりません。ですからこのケースにおいては、これから先のタスクのうち、どのように2日分を前倒しできるのかを検討しましょう（＝1つめのアクション）。

次に、一つひとつのタスクが完全に独立しているということはほぼないもので、この進捗の遅れが別のタスクに影響を与えている可能性があります。その影響の有無を確認しましょう（＝2つめのアクション）。

さらに、もし影響があるのなら、どうすればそれを軽減できるのかを考えてみましょう（＝3つめのアクション）。

このように**3つのアクションを考えて手を打つことができれば、遅延の影響を最小限に留め、全体としてスムーズに進められる状態になる**はずです。

上司からの指示は「進捗の確認」だけでした。しかし、それに留まらず**「本当にやらなければならないこと」を導き出して、タスクを前に進めることができる人**は、いちいち指示がなくても自走できて、高速で成果を出せる人なのです。

▼常に最適解を求めて思考する

「上司からの指示に従う」というのは、簡単なように見えて、実はとてもレベルの高いことです。

例えば「この資料のXをYに直しておいて」というような指示であっても、「すべてのXをYに直す（機械的に漏れなく一律に対応する）＝A」ことを求められている場合もあれば、「すべてのXをZに直す（より適切な表現に修正して反映する）＝B」ことを求められている場合もあります。

もとの表現が明らかに間違いだった場合はすべて指示通りに直すAが妥当であり、今の表現に違和感があってあくまで例として「Y」と言っていた場合にはより適切な表現を考えて反映するBが正解となるでしょう。

あるいは、文脈によってニュアンスが変わる場合には、「Xを、YとZに直す（文脈によって適切な表現に修正する）＝C」ことが求められることもありえます。

要するに、指示を受けたからといって、何も考えずに実行してはいけません。まずは一度立ち止まって**何が最適かをあなたなりに思考する**ということです。

今までこのように思考することがあまりなかった方は、もしかしたら最初はその精度が低く、次のアクションが的外れになってしまうかもしれません。それでも、「**次**」**を考える習慣は、確実にあなたの成長につながる**はずです。

▼思考が苦手な人は、「趣味」と「未来を想像すること」から

本項目の最後に、深く考えることが苦手な人のための思考力アップ法をご紹介します。

私はこれまで何人も「次」を思考することが苦手な部下を持ったことがありますが、その人たちが思考力をつけるのは、簡単なことではありませんでした。**思考というのは、数年かけて地道に努力して自然と定着する習慣のようなもの**だからです。

そのため、ここでご紹介する方法も、職務時間だけでできることではありません。仕事だからと考えるのではなく、日頃から考える習慣をつけるために、できるものから実践してみてください。

【「次」への思考力を磨く①】音楽かスポーツに打ち込む

音楽やスポーツに熱心に取り組んだことがある人ほど、「次」を考えるのが得意です。楽器であれば、「どうすればどんな音が出るか」などを常に予測しているから。そしてスポーツ、例えばテニスであれば、「どこにボールを打つと相手が取りにくいだろ

うか」などを常に予測しているからです。いずれも、**一瞬先の未来を読む力が育まれているる**といえるでしょう。

ですから、過去に楽器やスポーツをやっていた経験のある方は、もう一度真剣に取り組んでみてはいかがでしょうか。上達するにつれて、仕事における思考力も伸びていくはずです。

【「次」への思考力を磨く②】未来を予測してみる

自分が興味を持っていることについて、「この先どうなるだろう?」「こうしたらどうなるだろう?」と想像力を働かせてみることもまた、思考トレーニングの一種です。ドラマや漫画でも構いませんので、少し先取りして考えてみましょう。

VR技術がさらに発達すると、長距離移動はなくなるのだろうかなどと、**普段の生活の中で未来のことを考えてみる**と、想像力を高めることができ、先読みできるようになります。おのずと仕事においても、上司や顧客の求める本当のゴールを読み解けるようになるはずです。ぜひ試してみてください。

▼ゴール設定❸
〝自分がリーダーだったら〟の視点で全体を見渡す

▼真のリーダーとは中身を深掘りできる人

理想のリーダー像は、立場により、職種により様々ありますが、私はリーダーとは**「物事をうまくいかせるために、率先してあらゆる課題を中身まで掘り下げて解決する突破力を持つ人」**だと考えています。

ITコンサルでいえば、テクノロジーの専門知識と高度な思考力の両刀が備わっている人です。優れたリーダーは、チームを統率して適切な判断をするだけでなく、「どのパラメータがどのプログラムのどんな動きにつながっている」といったような、具体的な話で顧客を説得することができます。また、困ったときに解決の糸口を見つけ出すことができ、暫定策も恒久策もビジネスへの影響も語れます。これが真のリーダーだと思います。

本項目でお伝えしたいのは、このようなリーダーの視点の獲得の仕方です。

▼なぜリーダーの視点が必要なのか

リーダーの視点は文字通り「リーダーだけが身につけたらいい」というものではありません。

リーダーの視点を獲得することは、適切なゴールを見極め、そこに到達できるということであり、「仕事がデキる」ようになるための必須の所作です。実際、私がこれまで接してきた仕事がデキる人というのは、例外なくリーダーの視点で行動できています。

そこで私自身もシニアコンサルタント（主任）を務めていた時期には、自身のリーダー視点での行動を、あざといくらい戦略的にアピールしていました。83ページで紹介した、プロジェクト全体の課題を探して解決案を考え、全リーダーがいる場で議論して解決に導くという方法を繰り返したのです。

この取り組みのおかげか、狙い通りリーダーの視点で行動できていることを示すことができ、満場一致でマネージャ（管理職）に昇進できました。

本書は直接的に昇進を目的としたものではありませんが、しかし仕事がデキるようになるため、しかも短時間で圧倒的な成果を上げるためには、リーダーの視点は必須です。

また、ゴール設定という点でも、リーダーの視点を持っていればそれだけで、大きく外したり手戻りしてしまう可能性が激減します。

▼タスクを「立体」で捉えてみる

リーダーの視点を獲得するためのチャンスは、日々の業務の中に隠れています。

例えば、上司はたいてい部下よりも忙しいものです。そのため、上司から端的でフワッとした指示だけ受けていて、詳細な情報がほしいのに質問も確認もできない、説明してもらうまで作業の手を止めておくこともできない、という状態になってしまうことはありませんか？　こんなときこそ、「リーダーの視点」を疑似体験するチャンスです。

「自分がリーダーだったらどうするか」という視点で全体を見渡して、自力でゴールを見極めましょう。

断片的な指示から何を求められているのかを把握するために、まずは**自分のタスクと自分以外のタスクの関連を明らかにする**ことから始めましょう。俯瞰的《ふかんてき》に自分のタスクを知るということです。

まず、自分のタスクを中心の「点」と捉えて、それを取り囲む立体になるようにタテ・ヨコ・ナナメの軸を置きます。タテが上司、ヨコが時間軸（過去—未来）、ナナメが他のチームです。そして、その軸に沿って情報を収集していきます。

●タテの軸……「上司」のタスクを確認し、上司自身が期待されているミッションを明らかにする。
●ヨコの軸……「過去」「未来」のタスクに注目し、あなたのタスクの前後のタスクとのつながりを明らかにする。
●ナナメの軸……「他チーム」のタスクに注目し、自分のタスクが全体と整合していて、横道にそれていないかを確認する。

この三方向のタスクを確認することで、あなたを取り巻くタスクをすべて把握できたことになります。この、全体の状況をしっかり掌握できている状態こそ、リーダーが持つべき視点です。トレーニングによって身につければ、そうそうゴールを外さないようになれるでしょう。

▼リーダーの持つマインドセットとは？

リーダーの視点は、タスクの捉え方にだけあらわれるものではありません。

「リーダーの視点」でタスクを多角的に捉える

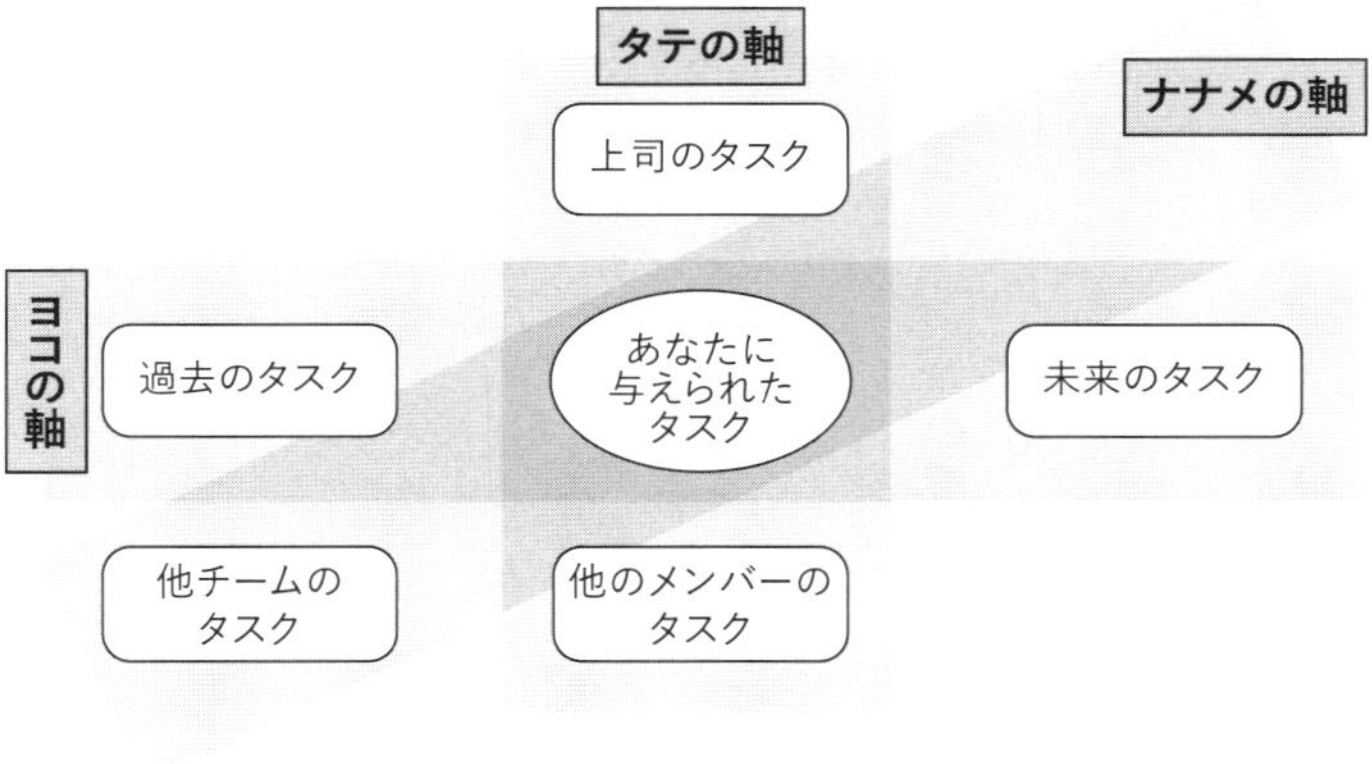

与えられた指示を捉えきるために必要な情報

軸	集めるべき情報	ポイント
タテ	上司のタスク	期待されたミッションの確認
ヨコ	過去と未来のタスク	前後関係のつながり
ナナメ	他チームのタスク	全体整合の確認

もし過去に、どんな小さなグループでもいいので、リーダーを経験したことがあるなら、そのときのことを思い出してみてください。

小学校の頃に4人くらいのグループに分けられて班長を任されたことや、隣の子と2人1組になって何かに取り組んだこともあったはずです。相手が自分より控えめなタイプだと、「自分が引っ張ろう」という気持ちになったのではないでしょうか。どちらも立派なリーダーの経験です。

どんなグループにせよ、リーダーとなったからには、「何とか乗り越えなきゃ」「この場を仕切らなきゃ」という思いが込み上げ、**責任感とプレッシャーがあなたの能力を引き上げた**はずです。

この責任感とプレッシャーこそが、リーダーの視点においても不可欠です。

ところが、社会人になり仕事を始めると、「何かあったら最後は上司が何とかしてくれる」などと無意識に考えてしまい、「誰かを引っ張っていこう」という気持ちがどうしても薄れてしまいがちです。これがあなたからリーダーの視点を奪い、成果にも成長にもリミッターをかけてしまっています。

あなたに「リーダー」という肩書がなくても、普段から「自分がリーダーだ」という自覚を持って「何としてでもやりきろう」「期限内に終わらせよう」という責任とプレッシャーを感じられるようになれば、視野が一気に広がって日々の行動が大きく変わります。あなたの能力も引き上がり、成果を大きく上げることができるでしょう。

▼目に見えるすべてのタスクをこなしてみる

「目に見えるタスクをできるだけ自分でやってみる」こともまた、リーダーの視点を獲得するためには有効です。要するに、あなたに与えられているタスク以外——上司のタスクや他のメンバーのタスク——も、全部やってみるということであり、これはＩＴコンサルが一人前になる（自分がリーダーとなってプロジェクトを回せるようになる）ための能力を磨くプロセスでもあります。

ITコンサルの仕事は、基本的に、チームと役割を決めてタスクを進めていきますが、例外も多く発生します。

状況が刻一刻と変わる中で、やるべき作業やゴールが急に変わるということもよくあり、チーム全体で納期に間に合わせるために「自分のタスクはここまで」とは言っていられない状況になることがあるのです。そのため、自分のタスクが早く終わったらどんどん他の人のタスクを助けること、**「ここまでが自分のタスク」と明確な線引きをせずに必要なタスクを自分から引き受けて前に進めること**が歓迎されています。

このような仕事の仕方は楽ではありませんが、続けていると誰もがリーダーの視点を疑似的ながら獲得することができます。というのも、与えられたタスクだけを見ているのでなく、全体として必要なタスクを考え、組み上げていくという考え方が育まれるからです。

私は3年目の頃、SAP（多くの大企業が利用しているパッケージ製品）のバージョンアップという、少し技術寄りのプロジェクトに参画していました。当時はまだ社内で事例がほとんどなく、システムを実際に触って手探りでひたすら動きを確認するしかない状況で、相当な苦労を伴うものでした。専門の技術者を雇うという手もあったのですが、私はせっかくなら全部把握して自分のノウハウにしてしまおうと意気込んで取り組みました。

結果的に、すべての手順の把握と、2万ページにわたる手順書すべての作成、実作業者として雇った10人の実務作業管理など、このプロジェクトでITコンサルがすべき役割のすべてを自分で担い、プロジェクトを成功に導くことができました。

このプロジェクトでは私はリーダーという役割が与えられていたわけではありませんでしたが、プロジェクト解散時に上司からかけられた、「素晴らしいリーダーだったよ」という言葉がすごくうれしかったですし、また私自身がリーダーの視点を獲得するための大きなきっかけになったと感じています。

リーダーという肩書がないからといって、リーダーとしての視点を持ってはいけないということではありません。そこに遠慮は不要です。周りを広く見渡し、求められたゴールを確実につかむために、できることから始めてみてはいかがでしょうか。

▼ゴール設定❹

武器としての〝上司ファースト思考〟

▼なぜ「上司ファースト」が必要なのか？

「上司からのフィードバックに、どうも納得がいかない」

ということはありませんか？　自分のほうが芯を食っているように感じるのに、「違う形にせよ」と言われたという経験は、私にもあります。あるいは、

「上司の指示はいつもわかりにくいな」

「上司が何を考えているか、わからないんだよな」

などと普段から感じている人もいるかもしれません。

しかし、これらのケースでも、部下の立場のあなたが上司の考えに寄り添い、上司

の思考を正確に迅速にくみ取るように努めるべきだと私は考えています。

それは第一に、**あなたと上司とでは、持っている情報量に格差があるから**です。

上司は立場上、日々、多くの情報を得ています。会社の上層部や、顧客サイドの責任者、他のチームのリーダーともつながっています。チームが置かれた状況を、膨大な情報をもとに理解しているのです。一方、一メンバーであるあなたが知っているのは、そのうちのごくごく一部です。こうした状況下では、上司の考えとはときにズレてしまうのは仕方のないことでしょう。

今の時代に「上司ファースト」という言い方は反感を買うかもしれません。しかし、**指示を出す上司の思考をいかに正確に迅速にくみ取れるかが、求められたゴールに早くたどり着けるかどうかを決める**といっても過言ではないのです。

さらに、上司は言うまでもなく、深い知識と、多くの場数を乗り越えた経験があるはずです。

もしかしたら、あなたの上司は話をするのが苦手だったり、不器用なタイプかもしれません。しかし、「上司がイケていない」と批判することは、あなたが自分で成果を出すチャンスから遠ざかってしまうようなものです。

「上司とわかり合えない」と壁をつくるのではなく、むしろあなたから積極的にコミュニケーションをとりましょう。**ともに取り組む仲間だという気持ちで接する**ことができれば、思考を読みやすくなります。上司ファーストの思考を武器にすることで、あなたは圧倒的に早く、成果をつかむことができるようになるのです。

▼上司の気持ちを読み解くための「ミラーリング」手法

上司の気持ちを読み解くための効果的な手法として「ミラーリング」を紹介します。自分を上司と重ね合わせてみて、上司が考えたらどうなるのかということを「その人になりきって」考えるという方法です。

私はこのミラーリング手法を活用することで、上司の困りごとをいちはやく検知し、チームとして求められている重要なタスクを見極め、成果を出してきました。

「ミラーリング」の５つのステップ

ステップ① 口グセをマネてみる

ステップ② 上司の１日の予定を確認する

ステップ③ 普段の会話に密着する

ステップ④ ミッションを知る

ステップ⑤ ペインポイントを探す

上司の気持ちがわかるようになる

ここでは5つのステップで、ミラーリング手法を用いた物事の考え方を紹介していきます。

【ステップ①】口グセをマネてみる

上司のことを知るために、まずは普段の口グセをマネしてみることから始めましょう。上司が普段から口にしがちな、ツッコミどころのあるちょっと面白い表現に注目してみてください。例えば以下のような具合です。

- 「よくなくない?」（二重否定で、いいのかよくないのかわからないよ）
- 「逆に言うと……」（内容は全然逆でも

ないのになぁ）

●「論理的には……」（論理って言葉がやたら好きだなぁ）

ピックアップできたら、今日からあなたも会議の中で使ってみましょう。親近感が湧いて、上司に興味を持つ第一歩になると思います。

【ステップ②】上司の1日の予定を確認する

次に、上司の予定を確認してみましょう。1日のうちにどのような会議が予定されていて、どんな人と関わり、どんなタスクをこなしているのかを知ることです。Outlookなどで予定表が公開されているなら、じっくり見てみましょう。

公開されていない場合は、上司に直接聞いてみてもいいですね。

「最近お忙しいですか？」

と質問してみれば、少なくとも直近でどんなことをしているかを快く教えてくれるはずです。

ちなみに、仕事がデキる人ほど他人への興味が強い傾向にあり、
「あ、この時間は◯◯さんは△△さんと会議しているはずだよ」
ということまでおさえていることが多いです。

【ステップ③】普段の会話に密着する

上司が普段、どのような話をしているのかを、直接近くに行って聞いてみましょう。オンサイトでフリーアドレスであれば、あえて近くに座るのも手ですね。できるだけ普段の何気ない会話を聞くほうが、喜怒哀楽が透けて見え、本音を読み取りやすくなるのでおすすめです。

リモートワークの場合には、上司の送信したメールを見てみましょう。あなたがCCに入っているメールを注意深く追いかけてみてください。

ここまでやってみると、上司のことがだいぶわかってきたのではないでしょうか？上司にさらなる親近感を覚えてきたならば、いい傾向です。

【ステップ④】ミッションを知る

1日の予定や普段の会話を把握できると、上司に与えられたミッションがどんなものなのかを読み解けるようになってきているはずです。

月末には役員向けに報告しなければいけないだとか、顧客から大きな宿題をもらっているなど、上司が抱えるいちばん重いタスクもおのずとわかってくるでしょう。

「上司のミッション＝チームのゴール」であり、「チームのタスク＝あなたのタスク」です。上司のミッションを的確に捉えきれれば、あなたのタスクが何のために必要なのかが見えてくるはずです。

【ステップ⑤】ペインポイントを探す

最後に、これまで確認してきた「上司の参加する会議」「上司の普段の会話」「上司が上層部から与えられたミッション」から**上司の今の仕事における最大の悩み（ペインポイント）を探してみてください。**

▼ペインポイントをつかめば成果を外さない

コンサル業界では、人が抱えているつらい悩みのことを「ペインポイント」と呼んでいます。顧客の真の困りごとを分析するためによく使われる用語です。

あるべき論をかざした理屈だけのコンサルではなく、**ペインポイントを捉えて課題を解決すれば、真に顧客に寄り添うことになり、深く感謝されるでしょう。**

あなたの上司のペインポイントは何でしょうか？

「売上が目標に届かずにクビになるかもしれない」

「上層部から品質の指摘が多くて困っている」

「お客さんが提案を受け入れてくれない」

「いつも同じメンバーがタスクを遅延させてしまう」……

いろいろあるかと思いますが、何か1つでも見つけられたなら、上司のことをだいぶ理解できているといえるでしょう。

さて、ゴールを設定する際には、この上司のペインポイントを意識して、タスクに盛り込むことです。ペインポイントを的確に捉えてさえいれば、間違いなく的を外さなくなります。

例えば、上司の悩みが「お客さんが提案を受け入れてくれない」だった場合で考えてみましょう。

上司から資料作成を依頼された場合、ゴールは「言われた資料を丁寧につくること」ではないわけです。「顧客に提案し、ＹＥＳと言ってもらえること」ですよね。この真のゴールがわかれば、例えば顧客が問題視していることを説明できる人を手配するなど、別のルートからアプローチをかけて納得してもらう手もあるわけです。

もちろん上司の合意のもとで動くことは大前提ですが、新しいアプローチを提案することができれば、それはあなたの確実な成果です。資料作成のために頑張る膨大な時間を、一気に短縮する手立てにもなるわけです。

このように、上司の気持ちを理解し、ペインポイントを暴くことまでできたら、あなたの仕事は大きく短縮できるはずです。

3章

いつもの仕事をすべて「ハイスピード」に変える

スピードアップに「新しいテクニック」はいらない

▼「便利なテクニックを身につければ、仕事が速くなる」は勘違い

「仕事のスピードを上げる」方法というと、多くの方は、「便利なエクセルの関数を知る」「タスク管理のツールを取り入れる」など実務的な効率化のテクニックを想像します。たしかに膨大な量の仕事をこなしている人たちは、そうしたテクニックを使いこなしていることが多いものです。

しかし、そうしたテクニックを身につければ、仕事のスピードが上がるのか、というと、私はそうは思いません。

もともとハイスピードで仕事をしている人がその効率をいっそう上げるために、テクニックは役に立つものです。しかし、**そもそもの仕事の仕方がハイスピードではない方がテクニックを取り入れたからといって、仕事時間が5分の1になるような劇的な変化は起こりません。**30分かかっていた作業が25分でできるようになる、くらいがせいぜいだと思います。

▼まず変えるべきは「時間についての考え方」と「仕事への取り組み方」

時間をかけたのに成果が上がらない人、何かの作業をするのに人よりも多くの時間がかかってしまう人というのは、そもそも、「時間」についての捉え方と「仕事への取り組み方」が間違っているのです。

もしあなたが、1日の仕事の終わりに、

「今日は1日じっくり、この案件に時間をかけることができた」

と充足感を持ってしまっているならば、まさに本章があなたの役に立つといえます。仕事は1日じっくり時間をかけたからといって前に進むとは限りません。たとえ5分でも10分でも、**狙った成果を出すことができれば、それで仕事は完了です。**

逆にいえば、いくら頑張って取り組んだとしても、思考がループしていたり、集中できなくて手につかなかったりした時間は、仕事をしたとはいいがたいものです。

本章では、「時間についての考え方」を見直し、仕事を本当にハイスピードで前進させるための「取り組み方」を身につけていきましょう。

この2つの基本を理解し仕事を停滞させないためのちょっとした工夫を積み重ねていくと、高速で成果を出せるようになってきます。仕事の効率を突き詰めていくと、何倍にも速くなるというどころではなく、**何百倍という差になってあらわれてくる**ようになるのです。以前は1カ月かけても終わらなかった仕事が、たったの1時間でサクッと終わる、ということも夢ではありません。それだけ「取り組み方を変える」ことの効果は絶大です。さっそく見ていきましょう。

▼ハイスピード❶

5分手が止まったら〝足を動かせ〟

▼「手が止まる」は5分でも危険信号

デスクワークの方にお尋ねします。仕事に取り組んでいるときの**「自分の動き」**に注目したことはありますか？　立ったり座ったり移動したり、という話ではありません。もっと細かい、手の動きの話です。

多くの方は、文字を打ち込んだりネットで検索したり、マウスを動かしたり、あるいはパソコンを使わない場合でも、ものを書いていたり、切ったり貼ったりと、何かしら動いていることが多いものと思います。

反対に、何か考え込んでいるときなどは、たいてい手も止まっていることでしょう。

なぜ「自分の動き」、さらには「手の動き」に注目するかといえば、私は、**「手が動**

いている＝思考ができている」証拠だと考えているからです。

反対に、手が止まっているときは頭の中で考えがまとまらなかったり、思考がループしてしまっているときです。だんだんぼーっとしてきて眠くなり、ますますパフォーマンスの低下につながります。それで気づいたら何十分か経過していて、結局、何の答えも出なかったとなれば、その時間は無駄ということになるのです。

仕事中は自分の動きを観察し、5分、手が止まったら危険信号と考えましょう。危険信号を察知したらそのときはすかさず、**「足を動かす」作戦に切り替えてください。**

▼手が止まったら足を動かす

さて、5分手が止まったときには、足を動かして**誰かとコミュニケーションをとりにいきましょう。**自分1人で考えるのをやめて、

「リーダーにヒントをもらいにいく」

「チームメンバーに相談して知恵をもらう」

「お客さんに質問してみる」

などするのです。


人との会話は脳を活性化させ、また集中も促します。1人で考えているときよりも10倍ほど思考力が上がるような体感です。人と話しているうちに、それまで整理できていなかったことが自然とまとまっていく、ということもよくあります。


足を動かしたにもかかわらず、それでもどうしたらいいかわからなければ、最後は**恥を恐れず相手に頭を下げて助けを求めましょう。**

「この問題の解決方法がどうしてもわからないので教えてください！」

と、謙虚な姿勢でお願いすれば、相手も応えてくれるはずです。

▼仕事の「責任感」と他人の力の正しい借り方

前述の、

「この問題の解決方法がどうしてもわからないので教えてください！」

というお願いには、抵抗を感じる方もいるかもしれません。特に、「自分の力で考えられるようになろう」と教えられてきた方は、教わるのではなくあくまで相談で、自分の力で正解を見つけるべきなのではないか、と思われるかもしれません。

しかし、それは仕事の前提の捉え方が間違っています。

仕事は自分だけの力ですべてを乗り越えられるほど簡単なものではありません。実際、あなたがこれまでに成果を出してこられたのも、上司のレビューやアドバイスを受けてきたからこそではないでしょうか。

私自身、会社の中でもかなり上位の立場になった今でも、自分の力だけですべてをパーフェクトに進められるとは思っていません。誰かの知恵を借り、違う視点で見てもらうことで何とかできているという感覚です。

実際、私は様々な場面で多くの人に頼り、力を借りています。特に重宝しているのが、**白熱した会議の後の「ラップアップ」**です。

白熱した議論の後、「みんなはどう思っているんだろう?」「あの人はどういう意味で言ったんだろう?」などと気になるときはありませんか? 1人でモヤモヤしたまま仕事を継続すると、理解不足や勘違いが手戻りになって跳ね返ってくるものです。

そうした場合には、その会議の直後に、

「時間のある方、ちょっと集合してください!」

と声をかけ、**会議中には聞けなかった疑問をぶつけてみんなの知恵を借りてしまいましょう。**

周囲の人の考えを聞くことができれば、1人で悶々と悩む時間を減らすことができます。この「ラップアップ」は、立場に関係なく開催することができるものです。ぜひみなさんも、取り組んでみてください。

▼足を動かし、オンサイトでワークしよう

手が止まったときに限らず、日頃から「足を動かす」ようにしていると、仕事をハイスピードにこなすことができます。

仕事をしていると、「ちょっと誰かに聞きたい」ということが出てきますよね。例えば、

「お客さんがさっき言っていた方針って、先日プロジェクトで展開された変更方針のことですよね？」

のような、簡単な確認はその典型です。このとき、足を動かして近くにいる人にさっと聞けば、5秒後には、

「そう、合っているよ」

などの答えを得ることができるでしょう。足を使って仕事をしていると、「気軽に誰かに聞ける状態」をつくることができるのです。

なお、もし同じシチュエーションでも、リモートワーク中であれば、メールやチャットで確認ということになるでしょう。すると、書くのに2分、返信が来ていないかをチェックするのに1分、返信がわかりにくい場合の追加のやりとりがあるとさらに2分かかります。直接聞けば5秒で済むことに、5分もかかってしまうことになるのです。非常にもったいないですよね。

また、こうした気軽に話せる環境があれば、「そういえば別会議で○○の方針が変わったらしいよ」などの関連する重要な追加情報も「ついでに」得ることができたりもします。新たな情報を早く入手できれば、作業の手戻りも大きく減らせるでしょう。

こうした圧倒的なメリットがあるため、昨今のリモートワーク推奨の風潮においても、私は「何が何でもオンサイト派」です。あなたも、オンサイトのチャンスがあるなら迷いなくオンサイトを選んでみてはいかがでしょうか。

▼ハイスピード❷

記録と記憶を〝フラグ化〟すれば仕事はサクサク進む

▼優秀な人は「記憶の引き出し方」がうまい

言うまでもなく、必要なときに、必要な情報をぱっと思い出せる人は、ハイスピードで仕事が進みます。このようにお話しをすると、

「自分は記憶力が高くないのですが」

と思われる方もいるかもしれません。しかし、本項目でお伝えしたいのは、「覚える力」を上げるという話ではありません。一度覚えたことを必要なときに「思い出す力」です。仕事をハイスピードでこなせる人は、この「思い出す力」をうまく高め、活用しています。

みなさんは、「1週間前の晩ごはんに何を食べたか」を覚えていますか？　急に聞かれたら、なかなか思い出せないかもしれません。しかし記憶をたどっていけば、思い出せることもあると思います。

「友だちと会って、悩みを聞いたな」などの断片的な記憶から、「元気を出してもらいたくて、銀座のあのレストランを予約したんだよな」「メニュー表を見て悩んだっけ」「方言まじりの店員さんが料理を運んでくれたな」「あ、ハンバーグだった！」……などど。

記憶というのは、一見忘れているようでも奥底には残っています。**何かきっかけがあれば、多くのことは思い出せる状態にある**のです。このことは、記憶の仕組みから見ても明らかです。

記憶には、瞬間的に思い出せる「表層的な記憶」、トリガーがあれば思い出せる「中層的な記憶」、トリガーがあってもなかなか思い出せない「深層的な記憶」の3種類があります。このうち、記憶の80％を占めるのが中層的な記憶といわれています。この、

「中層的な記憶」にある記憶をすぐに取り出せるようにできれば、多くの物事を瞬時に思い出すことができるということです。

▼記憶の「フラグ化」テクニック

仕事がデキる優秀な人は、何カ月も前の会議で誰かが話した一言を覚えているということがあります。「なんでそんなことまで覚えているの？」と不思議に思ったことはないでしょうか？　そのような人たちですら、すべての会議を一言一句覚えているわけではありません。

デキる人たちが行っているのは、膨大な中層的な記憶に対する**フラグ化、つまりキーワードのようなものに置き換えて、そのキーワードを表層的な記憶に刻む**というテクニックです。

その方法は非常にシンプルで、何か覚えておきたい情報に出会ったら、

「これは大事なことだな、覚えておかなきゃ」

と心の中で強く念じ、**何度か頭の中で「反芻《はんすう》」するだけ**です。

▼記憶をうまく引き出すメモの使い方

メモをうまく活用すると、記憶のフラグをより簡単につくることができます。

【メモで記憶する方法①】重要会議など「可能な限り多くを記憶する」メモ術

顧客との商談や自社の上層部との会議など、自分の仕事にとって重要な場面では、可能な限り多くの情報を記憶しておきたいでしょう。

この場合はひたすらキーワードを列挙する形でメモをとりましょう。例えば、「40億」「モダナイゼーション」「黎明期《れいめいき》」「属人化」「チェンマネ」……といった具合です。

ポイントは**「文章化せず修飾語もつけず無機質な単語のみにする」**ということです。他の人から見れば何だかわからない単語の羅列ですが、**あなたが会話の内容を思い出すためのフラグにはなっているはず。**メモはそれで十分です。

なお、メモはいかなる場面においても、文章にしないほうがいいと私は考えています。例えば「プロジェクトの成功のためには現場ユーザの意識を変える必要がある」

とメモしても、文章全体を記憶するのは難易度が高く、また忘れやすいからです。この場合のメモは「現場ユーザの意識改革」で十分でしょう。

もっといえば、私だったら、このメモは「チェンマネ」と書いておしまい、です。チェンマネは「チェンジマネジメント」の略です。ITコンサルではよく利用される言葉で、企業・組織をこれまでの考え方から大きく変えるときに使います。

聞いた言葉そのままではなく、「チェンマネ」のように**自分なりの言葉に置き換えれば、より記憶が定着しやすくなります。**

【メモで記憶する方法②】いくつかの事項の「要点だけを記憶する」メモ術

1日に5つ以上の会議に参加している場合などには、「どんな議論だったのか」「会議の結論が何だったのか」さえ、記憶に残らないこともあります。そうした残念な事態を防ぐために、一つひとつの会議の中で「最も重要だったこと1つだけ」「自分のタスクに大きな影響を与える、インパクトの大きな情報1つだけ」をサマリして、メモしてみましょう。

1つの会議で1つというと少ないと思われるかもしれませんが、毎日会議が5つあったとすれば、1カ月では100にもなります。「1カ月で100覚えろ」と言われたら、言うまでもなく大変ですよね。

私たちはこれまで、地震の避難訓練を何回もやってきたと思います。大きな地震のときは、何はともあれ「机の下に隠れて頭を守る」とたたき込まれているでしょう。命を守る行動でさえも、いくつも覚えてとっさに実行するのは難しいものです。ならば、1会議1つ覚えていれば、よしとすべきではないでしょうか。

▼メモは書いたらすぐ捨てる

今ご紹介したメモのテクニックは、記録として保管するためのものではありません。後から記憶を呼び起こすために利用しているにすぎません。

ですから、**一度書ききったら、すぐにゴミ箱に捨ててください。**

ご紹介した記憶のフラグ化のテクニックはどれも、「今、この場で覚えなければ」という意識とセットになって初めて、効率的な頭の整理となり、記憶力を高めることができます。

「あとで時間をとって読み返そう」などと思っていては、その場で覚えられないばかりでなく、だいたいのメモは見返されることもなく、さらにはどこに書いたかもわからない状態になってしまいます。

メモを探すのにも手間がかかり、また結局必要なときに必要な情報が出てこない、ということになるでしょう。

そうしたことを防ぐためにも、メモは書き終わったら即座に捨てるようにしてください。

▼ハイスピード❸
一発で伝わってやり取りの往復を減らす〝話し方のフレームワーク〟

▼会話のやり取りが多いと仕事は進まない

会話は、仕事をスピーディに進めるためには必須です。しかし一方で、サッと終わらせるつもりだったのに、予定外に長くなって、会話だけで時間を取られてしまった、という経験のある方も多いのではないでしょうか。

「5分だけ時間をください」と話を始めたはずなのに、結局1時間かかってしまうようなケースです。

なぜ、予定外に時間がかかってしまうのでしょうか。その原因は、「**会話の着地点を決めずに話し始めてしまうこと**」にあります。

▼たった数秒の「報告の仕方」を見れば仕事の能力がすぐわかる

例えば、顧客がある製品の性能に懸念を示していたとして、それを上司に報告するとしましょう。このとき、

「お客さんが製品Aの性能に懸念を示していました」

とだけ話してはいけません。懸念の具体的な内容がなく、次のアクションも示せていないので、多くの質問を受けることになるからです。

ただし、そうはいっても、顧客から聞いた話をくどくど話すのも得策とはいえません。何を伝えたいのかがわかりにくくなるばかりでなく、聞いているほうは細かいところが気になってしまって、横道にそれやすくなるでしょう。

仕事がデキる人の場合はこのように伝えます。

「お客さんが製品Aの性能が3秒であることに懸念を示しているので、製品Bを提案しようと思います」

これに対して上司は、

やり取りが多くなる人の特徴

× 自分の意見がない

× 背景や事実ばかりを話す

× 誰かが言ったことばかりを話す

× 知っていることを全部話す

× 次のアクションがない

「そうだね、ＯＫ」

と答えて、やり取りは終了です。

さて、なぜこのような報告がいいのでしょうか。一発で伝わる言い方について考えていきましょう。

▼「結論だけをズバッと」でいい

先ほどの会話はなぜ少ないやり取りで、素早く相手に伝えることができたのでしょうか。その理由の１つは、シンプルに「あなたの考える結論だけ」を伝えていることにあります。

会話の目的は、意見を伝え、それに対し

て相手が良しあしをコメントし、合意することです。つまり、意見のない発言こそがやり取りを長引かせる一番の原因なのです。

多くの人はつい、経緯をたくさん語ったり、事実ばかりを述べたり、誰かの言葉をそのまま伝えたりしがちです。しかし、それだけでは、相手は何をコメントしたらいいのかがわかりません。それで方向性を見いだすために多くの質問をされることになるのです。そうならないためにも、ズバッと自分の意見を伝えましょう。

ところで、なかには「話すときは、背景→考え→結論の順番で」などと指導されてきた人もいるかもしれません。この話し方は一見ロジカルなのですが、やっていることは「聞き手が、話し手と同じ目線で順番に案を考える」ことになってしまいます。結果として、**新たな「相手の意見」を生み出してしまう**ことになったり、細かいところに注目されて質問されたりして、話がまとまらなくなってしまいます。

こうした傾向は、あなたと相手との情報の格差が大きい場合や、相手の職位がかなり高い場合に特に起こりがちです。「状況を把握していないはずだから、丁寧に説明し

「背景から順に話す」と時間がかかり、まとまらない

やり取りが多くなるパターン

背景・考え・結論の順番で話す

➡途中で多くの質問が出てしまう

➡さらに、相手の意見も生み出してしまう

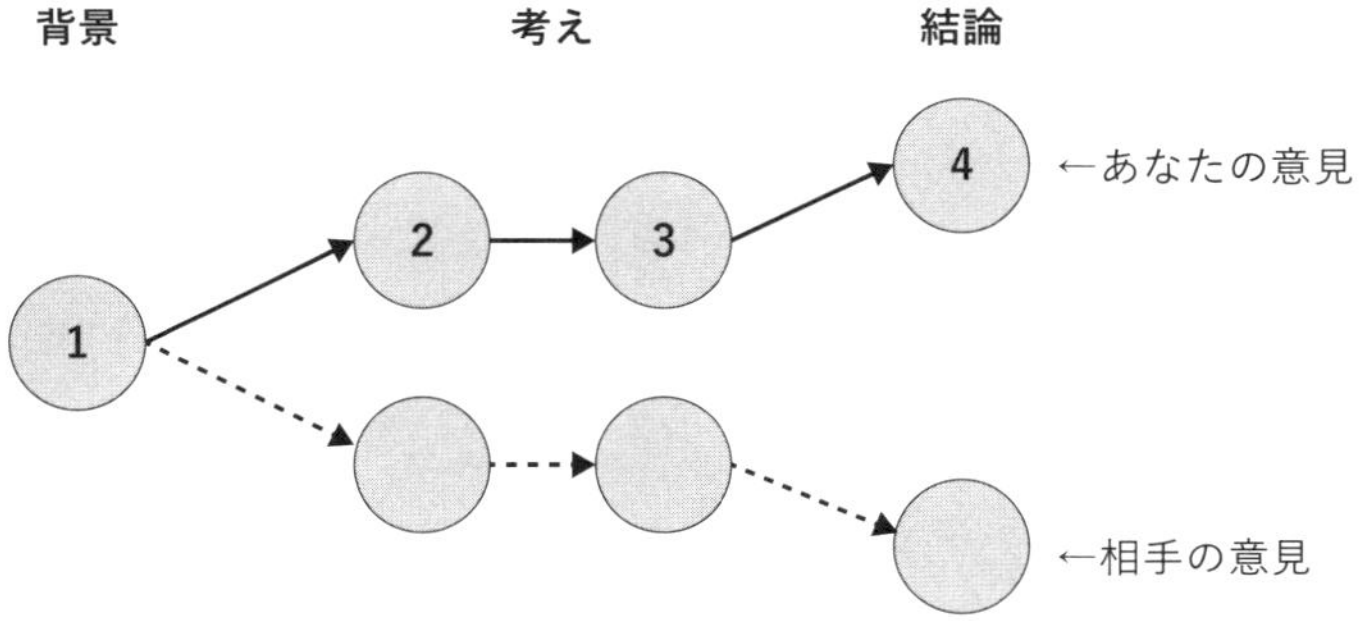

やり取りが少なくなるパターン

結論から話す

➡同意であればすぐ着地する

➡必要最低限のやり取りで済む

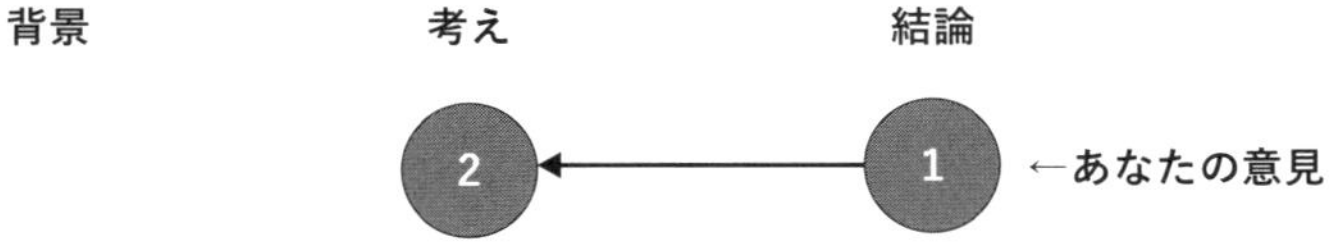

よう」と心がけることで、かえって場の混乱を招くことになるのです。

そうならないためにも**「あなたの意見」をダイレクトに伝えるようにしましょう。**

▼背景と理由は相手の反応を見て補足する

結論からズバッと伝えると、やり取りは次のようになります。

上司「お客さんとの商談どうだった？」

あなた「えっと、製品Bを提案しようと思います」

一瞬、かみ合っていないように見えるかもしれませんが、まったく問題ありません。顧客が製品Aの性能に対する不満があるということを上司がすでに把握している場合には、前述のように、

「そうだね、ＯＫ」

となり、会話は収束に向かうでしょう。

一方、

「え、そうなの？」

という反応になったときは、上司は情報を持っていないということです。理由をつけ加えて、相手の理解を促しましょう。

背景や理由といった情報は、相手の反応を見ながら、補足するかしないかを決めることが得策です。

▼相手の持つ情報量を読み解けば、やり取りは一瞬になる

背景や理由といった情報を伝える際にカギとなるのは、**「相手の持つ情報量」**です。ここに意識を向けると、相手とのやり取りを最小限に、必要な情報を伝えることができます。

もし相手の持つ情報量に対して説明が少なすぎる場合には、多くの質問を受けることになるでしょう。反対に説明が多すぎれば、話が発散してしまいます。

相手の持つ情報量を読み解くためのチェックポイント

☑ 経緯をどこまで知っているのか

☑ どの会議に出ていたのか

☑ 誰と接点があるのか

☑ どんな立場で何をミッションとしているのか

☑ 専門分野にどれくらいの知識があるのか

このちょうどよいバランスは、画一的なフレームワークで語れるものではありません。相手とのやり取りを開始する前に、上記のチェックポイントを意識して、相手の持つ情報量を見極めましょう。

私自身、重要な案件については、事前に周りの人に「相手の持つ情報量」の探りを入れて説明の程度を決めることもあるくらいです。**やり取りを開始する前の準備をきちんとしておくこと**が、やり取り自体を最短で終わらせ、最速で結論に到達するための秘訣なのです。

「わかりやすく」すれば会話は圧縮できる

くどくど伝えて、わかりにくいケース（Before）

× 結論がない（着地点がない）
× 事実だけで次のアクションがない
× 前置きが長い
× 同じ話が何度も出てくる（冗長）
× 補足がやたら多い
× 誰が何を言ったかを逐一話す
× 一文が長すぎる（接続詞だらけ）
× 主語がない
× 時間軸がわからない（完了したのか未完了か）
× 曖昧で抽象的な表現ばかり

▼

端的に伝わり、わかりやすいケース（After）

○ 最初に結論を述べる
○ 事実と意見を分けて示す
○ 次のアクションがクリア

＋

○ 相手の反応を見て、背景や理由の説明を追加する

▼自信を持てるまで考えたか？

このスタイルのやり取りの基本は、あなたが自分の意見に自信を持ち、相手に伝えることにあります。**責任を持って取り組み、考えきって出した結論ならば、「ちょっと強引かな」と思うくらいの伝え方でも問題ありません。**

反対に、考えが少しでも甘くて「どうしようかな」という余地が残っていると、相手も心配になり、より詳しい情報を得ようとしたりアドバイスし始めてしまったりして、どんどん結論までの距離が開いてしまいます。

また、ビジネスにおいては「これが絶対に正解」ということはまずありません。そのため、自分の意見に対して不利になる情報を自分自身が持っていて、自信が持てないということもあるでしょう。

しかし、その場合にもリスクやデメリットをすべて丁寧に説明することはおすすめしません。どんな仕事にもリスクやデメリットは絶対にあるものだからこそ、致命的なもの以外はあえて言わずに進めることも、ときには必要なことなのです。

▼ハイスピード❹

メールも文章も“魂を込めるのは一文だけ”でよい

▼文章の99％は補足にすぎない

あなたは普段、どんなメールを書いていますか？

本当に言いたいことはわずかであるにもかかわらず、10行や20行もの長文のメールを作成してはいないでしょうか？

あるいは、資料作成でも、調査に時間をかけたからといって5枚や10枚にもわたる資料をつくってはいませんか？


つい私たちは、自分が力を入れたことや多くの時間を費やしたことについては、必要以上に文章を書き連ねて説明をしてしまいがちですが、これは大きな間違いです。「全のせ」してうれしいのはラーメンくらいですから、メールも資料も今日から書き方を変えましょう。

最も力を入れるべきは「あなたが考え抜いた1つの光る解」だけです。それ以外の99％はメインの考えを補足するものにすぎません。

▼「補足」をなくすだけでだいたいの文章は読みやすくなる

例えば、ある企業をＩＴコンサルとして支援していて、その企業がさらなるＩＴ投資をすべきか悩んでいたとします。

事例調査をしたところ、「一般企業におけるＩＴ投資の割合の目安は、全体の売上の1～2％が妥当」ということがわかったとして、これを文章にしてそのまま相手に説明するのは得策ではありません。

「結局、うちの会社ではどうすると最適なの？」

と問われてしまいます。調べた内容はあくまで補足であり、相手に最も伝えるべき

残念な人が書きがちな力作資料やメールの特徴

× メインの考え方がない

× 事実だけが書かれている

× 当たり前のことが書かれている

× 背景や経緯の説明がやたらと長い

× 自分が調査したことを漫然と書く

× メインの考え方と関係性があまりないことを書く

ことはこの情報ではないからです。

本当に伝えたいことは、

「御社のＩＴ投資の割合を一般企業のレベルにまで引き上げ、○○というテーマに取り組むべきだ」

となるはずです。一般事例の情報はあくまでも相手に伝えたいことの補足であり、メインの主張がなければ意味はないのです。

メインの考えを一文に圧縮して書くことができれば、文章は99％完成です。補足として用意した資料のツメが多少甘くても問題ありません。詳しく聞きたければ相手から聞いてもらえばよく、それに対して口頭で返せば十分です。

▼パワポはリード文が命

パワポも同様です。力を込めるのは「リード文」のみで十分で、それ以外のグラフや表、多くの文章は基本的に補足です。にもかかわらず、パワポづくりに精を出す人ほど、むしろ主客が転倒したパワポを作成しがちです。

例えば、3カ月のタスクスケジュールを作成するように指示され、パワポで示すことになったとします。ガントチャート（2週間単位くらいのタスクを並べて絵にしたもの）にまとめたとして、あなたはこのとき、このリード文に何を書きますか？

「タスクは以下の通りです」

というリード文では中身がなく、書かないのと同じです。

「タスクA→B→Cの順番で進めます」

これも絵を見ればすぐにわかるので、いいリード文とはいえませんね。

「遅延しないよう前倒しに進める予定です」

この意気込みはけっこうですが、リード文としては不適格です。

このとき、**リード文に書くべきは、タスクを進める上での「工夫ポイント」**です。例えば、「早期にプロトタイプを実施しトライアンドエラーで進める方針」などと記載すれば、通常より精度は落ちても短期間で進めるスケジュールを組んでいるということが伝わります。

スケジュールの概要をそのまま書こうとするのではなく、**一段上の視点で考え方を示そう**とすれば、うまいリード文をつくりやすくなります。

このリード文を**相手に「刺さる（深く納得させる）」表現で、資料の冒頭に1〜2行で端的に示す**ことができればパワポも99％完成といえるのです。

▼目的によって「いいリード文」も変わる

リード文の書き方は、資料の目的によって少しずつ変わります。

例えば、進捗報告で遅延を伝える場合、本文に必ず遅延の情報が載るため、リード文でも「遅延です」と書けば重複になってしまいます。また、報告を受ける立場からしても、遅延であることだけを聞いても「それで？」となるでしょう。

聞き手が知りたいのは、**「遅延による影響は何か」**と**「今後どうするのか」**です。ここに意識を向けると、タスクの遅延そのものではなく、他のタスクや後続のタスクに目を向けることが効果的であるとわかります。

たとえ遅延していても、後続に影響がないと言いきれれば読み手は安心しますし、後続に影響があったとしても先行して他のタスクを実施するなどの今後のプランを示すことができれば、過剰に心配されることはないでしょう。

リード文はワンパターンで書けるものではありません。読み手の興味をしっかりおさえ、「なるほどね、そのアクションでいこう」と言われる文を目指しましょう。

▼刺さる一文をつくるための「そぎ落とし」と「緻密な推敲《すいこう》」

とはいえ、読み手の心に刺さる一文は簡単につくれるものではありません。ここで

資料の目的別リード文のポイント

資料		× 悪い例	○よい例
計画	タスク スケジュール	図や表、絵と同じことを書く	● 一番大事なタスクを示す ● 遅延しない仕掛けを説く
進捗	進捗報告（オンスケ）	「遅延なし」とだけ書く	● 次のマイルストンを示す ● 見えているリスクと打ち手を書く
	進捗報告（遅延）	「遅延」とだけ書く	● 影響範囲を示す ● いつオンスケ（遅延解消）になるかを示す
方針	案の提示	案の概要だけ書く	● 具体的なメリットを書く
	案の比較	結論だけ書く	● 採用案とその一番の理由を書く
課題	課題報告	経緯や内容を書く	● 影響範囲を示す ● 解決までのアプローチをサマリする

は、私が実際に行っている、刺さる一文をつくる手順を紹介します。

まず情報を入手することから始めましょう。そして、伝えたい内容をできるだけたくさん、ギッチリ詰め込んで、とにかく文章を作成します。このときは、何行にもわたる冗長な文章になっても構いません。**むしろ情報が多いほうが、本当に伝えたい要点を発見しやすく、また刺さる一文も生まれやすい**ため、書けるだけのことを書き出してみてください。

その後、主張をクリアにするために「そぎ落とし」の作業に入ります。先ほど書いた文章の中には、一般論や誰でもわかる情報が入っているでしょう。それらを省いて、必要最低限の主語・述語・修飾語だけを残しておきます。

ここまでできたら、次は表現を見直していきましょう。**メッセージ性が強くてインパクトのあるワードに変えていきます。**

例えば、「柔軟な組織づくりを目指す」と書いてしまうと何だか平凡ですよね。状況に応じて変化させていこうとしていることは伝わりますが、どの会社でも取り組むべき当たり前のことしか書いていないように見えます。

この表現を「アジャイル型の組織に改革する」と変えてみてはいかがでしょうか？「アジャイル」とはプログラム開発の取り組み方のひとつで、すべての機能を一気につくろうとするのではなく、小さな機能に分解して順番に現場で使えるようにする手法です。トータルではより多くの時間がかかる可能性はありますが、小さな成果を積み重ねていくことができ、業務ユーザとの認識のズレを防ぎやすくなるため、大きな手戻りを防ぐことができるというメリットがあります。

あえて組織づくりというテーマに対してプログラム開発の用語であるアジャイルという言葉を使うことで、**活動に多くの意図を含んだ「深み」を出すことができる**のではないでしょうか。

さらに工夫して独自の言い方で表現することができれば、取り組む人たちのモチベーションアップにもつながります。

このように**一つひとつの表現にこだわって精錬に精錬を重ね、「魂を込める」**ことで、刺さる一文ができるのです。

▼長いリード文に使えるカッコ書きの破壊力

リード文を作成する際、どうしても文が長くなってしまうときがあるかと思います。そんなときは**「カッコ書き」をうまく使うワザ**が有効です。

例えば、「拠点ごとに声の大きな代表者を置き、業務改革への前向きなマインドを現場に浸透させる」というリード文を書くとします。何とか内容は理解できるものの、一文が少し長くてスッと頭に入りづらいのではないでしょうか。読み手のことを考えた工夫が必要です。この場合には、

「拠点ごとに代表者（声の大きな）を置き、新たなマインド（業務改革に前向きな）を現場に浸透させる」

としてみてください。たちまち文章が把握しやすくなるはずです。

コツは簡単で、修飾部分をカッコ書きにすることです。こうすれば文章における「誰がどうする」という軸がハッキリ見えるようになるのです。また、カッコ書きは意外と目立つので、ある意味そのワードを強調することもできます。

▼ハイスピード❺
明日やろうはバカやろう

▼「明日やろう」はクセになる

「明日やろうはバカやろう」

これは私が仕事に取り組む上で信念としている、大好きな名言です。サッカーの元日本代表、遠藤保仁《やすひと》選手の本のタイトルにも使われている言葉でもあります。

「明日には絶対やります」と勢いよく言ったものの、他のタスクがなかなか終わらず、結局、「すみません、もう1日だけ待ってください」となり、明後日になり明明後日になり、相手から何も言われなければ「まぁいいか」となってしまいます。

そして気づいたときに「依頼した作業はどうなったの？・」「まだなの？・」と言われる

ようになり、**タスクが山のようにたまり、取り返しのつかない事態になってしまう**のです。この事態だけでも深刻ですが、さらに自分がコミットした納期に間に合わせられないことで、相手からの信頼も失いかねません。

実は私自身、2〜3年目の若手の頃には「明日やろう」が常態化していました。何か問題が起きても、「夜も遅いし疲れきっているから、リフレッシュして明日、早く来てやろう」と考えていました。

しかしあるとき、重大なシステム障害の対応を後回しにしてしまい、さらには翌日に体調を崩し、対応できないという事態を起こしてしまったのです。しかも、誰にも作業を共有していなかったので、後日、「解決までにものすごく苦労したんだよ」と言われてしまいました。その障害によってプロジェクトメンバー何十人もの作業が半日以上もスタックしてしまったと聞いたときには、「合わせる顔がない」と悔やんだものです。

このような痛い経験をしてから、私は「もう後回しにすることはやめよう」「やるべきことは今日やりきろう」と心に誓ったのです。

日頃から「明日やろう」と考えるクセがあると、大事な局面で大きな問題に発展しがちです。あなたも今日から見直しましょう。

▼エース級は日常がハイスピード

仕事が速く「ハイパフォーマー」と評価されている人たちは、明日に持ち越さないだけではありません。**すぐに行動して**（**即行**）、**すぐに判断して**（**即決**）、**すぐに解決策を講じる**（**即解決**）、この「3即」を普段から確実に遂行しているものです。

私はこれまでに、ITコンサル会社の「エース」と言われるシニアコンサルタント（主任クラス・チームリーダー）を現場で見る機会が多くありましたが、エースはとにかく、何をやるにもハイスピードでした。

メールを送ったら2～3時間以内に返信がきますし、どちらの案にしようかと悩んでいる人がいればすぐに判断してくれます。大きな問題が起きたらすぐに緊急会議を開き、その場で解決案と進め方までまとめ上げてしまいます。

それだけ忙しそうにしているにもかかわらず「今忙しいから後にしてくれる？」という言葉は聞いたことはありません。**出てきた問題はその場で潰しきるというマインド**を徹底しているのです。

▼あなたの事情は誰にもわかってもらえない

エースたちが実行している「即行・即決・即解決」の中でも比較的実行しやすく、また、実行していないと信頼を大きく損ないかねないのが「すぐに行動する（即行）」です。相手にお願いされたことに対応しなければ、あなたにどんな事情があったとしても、**ただルーズだと見られてしまう**からです。

例えば、上司から、

「この商談が終わったら、すぐにお客さんにお礼のメールを送っておいて」

と言われたとします。お礼のメールを送るだけなので商談後1時間もあれば終わるはずですよね。しかし、商談の最中に顧客から、

「急ぎだから他社事例の情報を1秒でも早く送ってほしい」

と頼まれたあなたは、まず情報収集と資料の作成にかかったため、すぐにメールを送ることができなかったとします。顧客から「お礼はいいから資料を早く送ってよ」と思われてしまわないかと考え、あえてメールを送らないでいたわけです。

上司から、あなたと顧客のやり取りが見えているとは限りません。それが見えていないと、「なんですぐにお礼一つもできないんだ?」と思われてしまうのです。

このように、**あなたの事情が相手に伝わらず、誤解される**ということは往々にして起こります。それを防ぐためにもやはり、**「すぐに行動するが吉」**です。

この場合には、30秒で書けるレベルでもいいのでメールでお礼を伝えておいたほうが得策です。メールを送ることがはばかられる場合にも、その本文に「他社事例の情報は最優先で対応しております」と一言さっと付け加えておけばいいだけです。みなさんも**何はともあれまずは動くことを意識**してみてください。

▼ハイスピード❻
目指すは70点ではなく40点

▼初回レビューはとにかく「スピード重視」で

みなさんは普段、「仕事のデキ」について、100点満点のうち、どれくらいを目指していますか？　多くの方は、学校のテストと同じ70点や80点を合格ラインと考え、7〜8割できあがった状態で1回レビューを受けて、完成させようとしているのではないでしょうか？

多くのビジネス書では「100点でなく80点でよい」「70点でも十分」などと紹介されていますが、実はこの発想をしている限り、仕事のスピードは上がりません。

この考えが通用するのは、「答えがある程度決まっていること」に対応する場合です。しかし、みなさんの日々の仕事では、答えの決まっていない課題に立ち向かわなければならないことも多いでしょう。

そうした「何度もレビューを繰り返すことが想定されるケース」では、初回のレビューから70点や80点のアウトプットを期待されるということはありません。

まずは半分以下の点数で構いません。**初回であれば40点でもよいので、とにかくスピード重視でレビューに持っていくべきです。**

▼なぜ「40点が正解」なのか？

この話を、レビュワーの立場から考えてみると、なぜ40点でもスピード重視がいいのかが見えてきます。

レビュワーとしては、複数回のレビューが想定される答えの決まっていない課題について、いきなり完璧に近いものが出されるとは思っていないはずです。となれば、まず不安になるのは、「どんなアウトプットが出てくるのかの想像すらできないこと」ではないでしょうか。まったく方向性が違っていたら、イチから軌道修正をしなければばなりません。

指示を出した側としては「凝らなくていいので、まずは早く出してほしい」「流れをいったんつくってみてほしい」と考えるものです。初回のレビューでほしいのは、**一緒に検討するための土台**なのです。

▼上司は「チームで成果を出すこと」を考えている

もうひとつ、40点でも早く出したほうがいい理由があります。

それは、上司がほとんどのケースで、「**チームとして成果を上げるために動いている**」ということです。

任された側からすると、「依頼されたからには、自分でやりきろう」と意気込みたくもなりますが、しかしそもそもその依頼が、あなた一人で完璧に仕上げてもらうことを期待してのものとは限りません。他のメンバーの知恵や、様々な視点や角度から見た意見も取り入れた「よりよいアウトプット」こそが、上司の最大の期待なのです。

ですから、**あなたが詳しく知らない分野は周りにサポートしてもらおうと割り切って、あまり肩肘を張らずにドラフトの案をつくりましょう。**

「この理論武装のために情報が必要です」

「具体例がほしいので経験者の知恵を借りたいです」

と頼りたいポイントを明確に示すことができれば、快くチームのメンバーの手を借りることができるでしょう。チーム全体で高得点をとるためにも、やはりスピード重視が鉄則です。

▼かけた時間と成果は比例しない

では、40点の成果を出すためには、どれくらいの時間が必要になるでしょうか？

私の経験からいえば、どれだけ複雑で難しいタスクであっても**「1時間」を目安にすることをおすすめ**します。たとえ粗くても、1時間後くらいに、

「ちょっとストーリーを考えてみたので確認させてください」

と相談しにいったり、翌日には、

「昨日の話の案を少し考えたのでお時間ください」

とアクションできれば、テンポよく物事が前に進みます。

反対に、普段から受けた指示に対して、

「ひとまず考えるのに2、3日ください」

「今週いっぱいで検討します」

などと返答しているのであれば、かなりの時間を無駄にしている可能性があるので要注意です。

なぜ「1時間」が目安になるかというと、1人で考える限り、かけた時間と成果は比例しないからです。これは感覚的なものですが、1時間で40点の成果になるタスクは1日かけても55点、1週間かけても60点くらいにしかならないでしょう。

時間をかけても上がる点数はごくわずかであり、タイパ（かけた時間に対して得られる成果）が悪すぎます。161ページでもお話ししたように、5分で考えつかないものは、たくさん時間をかけてもあまり変わらないのです。

時間と成果の関係

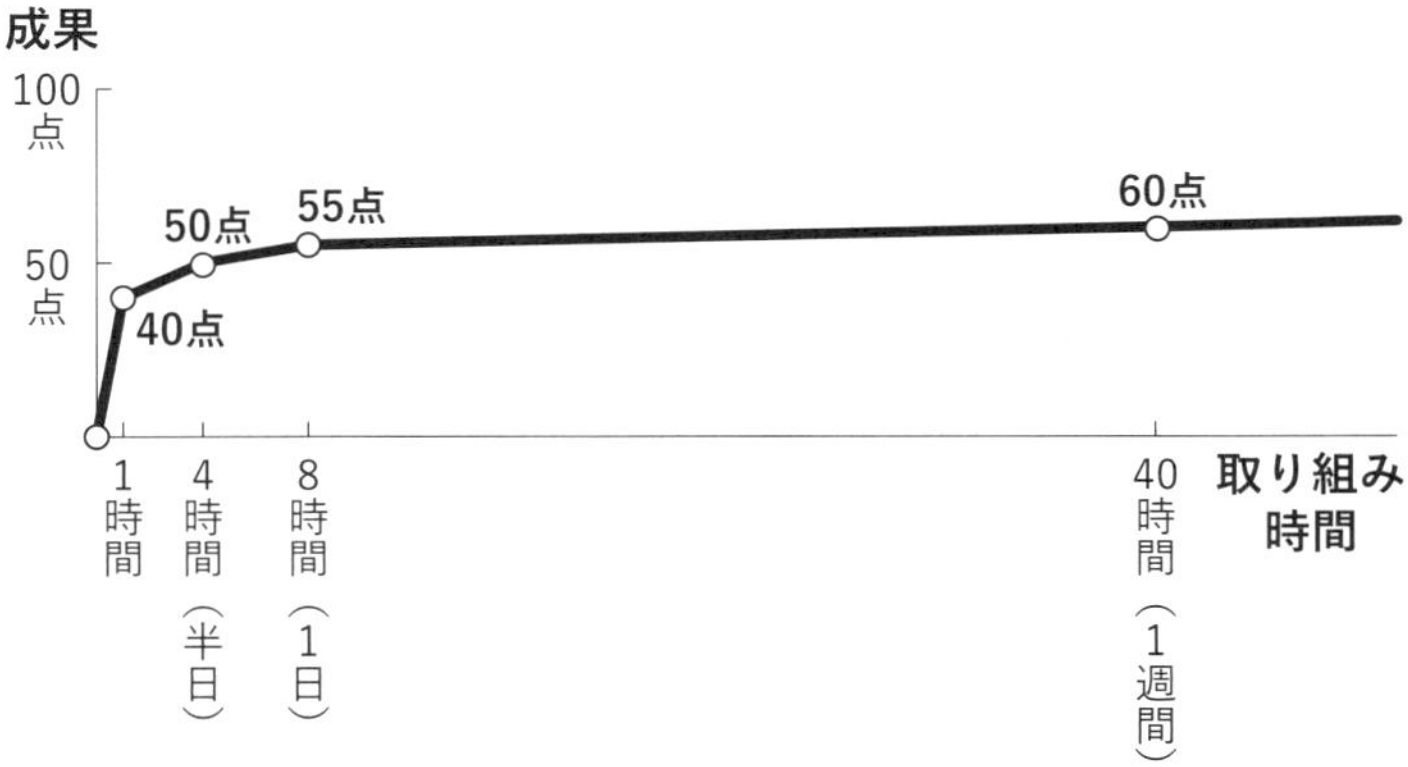

なお、ハイスピードで提出すれば、40点の出来だからといって評価が下がることはありません。アドバイスを受けて短期間で40点から80点に引き上げることこそが、評価の対象となるはずです。

▼最短で40点を獲得するための「ラフスケッチ」

最初のレビューは40点でいいとお伝えしましたが、課題が難しければ、短時間で40点を取ることも、そう易しいことではありません。

そこでここでは、ITコンサルが難しいタスクをタイトな納期でこなしていくために用いている仕事の進め方を紹介します。

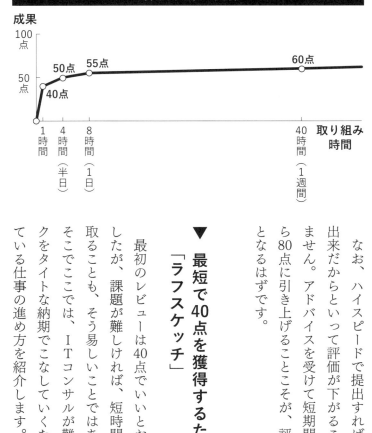

その手法とは、**「ラフスケッチ（骨子）」**です。ラフスケッチとは、相手と認識合わせをすることだけを目的とした、アイディアの箇条書きや簡単な図のことです。考え方と話の流れの認識を合わせられればいいため、一見雑にも感じられるかもしれませんが、まったく問題ありません。

キレイにつくるのは、その認識合わせができてからで十分です。ラフスケッチをつくってあとは書くだけの状態にしておけば、つくり込んでから手戻りすることがなくなります。大幅な時間圧縮を可能とする有効な手段といえるでしょう。

▼ラフスケッチのつくり方（直近の取り組みを書くケース）

ここからは、顧客から**「直近の取り組みを示してほしい」**と依頼されたとして、私のチームでよく使っているラフスケッチのつくり方を紹介します（209ページ参照）。

①大枠をつくる

まずは大枠の構成をつくることから始めます。

直近の取り組みを語るために必要なのは、前後の取り組みに注目して全体感を見せることです。そこで、**「これまでの取り組み」「直近の取り組み」「今後の取り組み」「目的」の4つの箱**を用意し、矢印▼を使って関連性を示す図をつくりましょう。

②過去を書く

「これまでの取り組み」の箱の中では文章を淡々と書くのではなく、**図でわかるように示す**ことが望ましいです。例えば「A～C社のX～Zの合計9つのタスクを完了させること」がゴールだとして、すでに5つが完了しているのであればマトリクスの対象に○をつけていきます。

③将来を書く

次に「今後の取り組み」を書いていきます（メインとなる「直近の取り組み」はまだ書きません）。全体のスケジュールの中で、後続のどのタスクに影響のある作業かを明らかにします。**マイルストン（中間ゴール）に注目する**と、これから進めるタスクの位置づけや意義をしっかり示すことができます。

④目的を書く

次に「目的」を記載します。全体の活動がどこを目指すものなのかはすでに明確であるケースがほとんどかと思いますが、万が一ここがブレてしまうと大きな手戻りになります。少しくどいと思われるかもしれませんが、**ことあるごとに目的を記載して意識を合わせておく**といいでしょう。

⑤直近の進め方を書く

続いてメインの「直近の取り組み」の中身を書いていきます。**取り組みは3ステップで示す**ことが望ましいでしょう。3つにすると作業同士のつながりが見えて流れをつかみやすくなるからです。そして、**「いつ」「誰が」「何をやるか」**と**「アウトプット」**も明記していきます。

⑥工夫ポイントを盛り込む

最後にもう一歩だけ踏み込んでみましょう。「直近の取り組み」にはタスクを書くだけに留まらず、あなたなりの**工夫ポイントを1つ添えて書いておきます。**

ラフスケッチの例

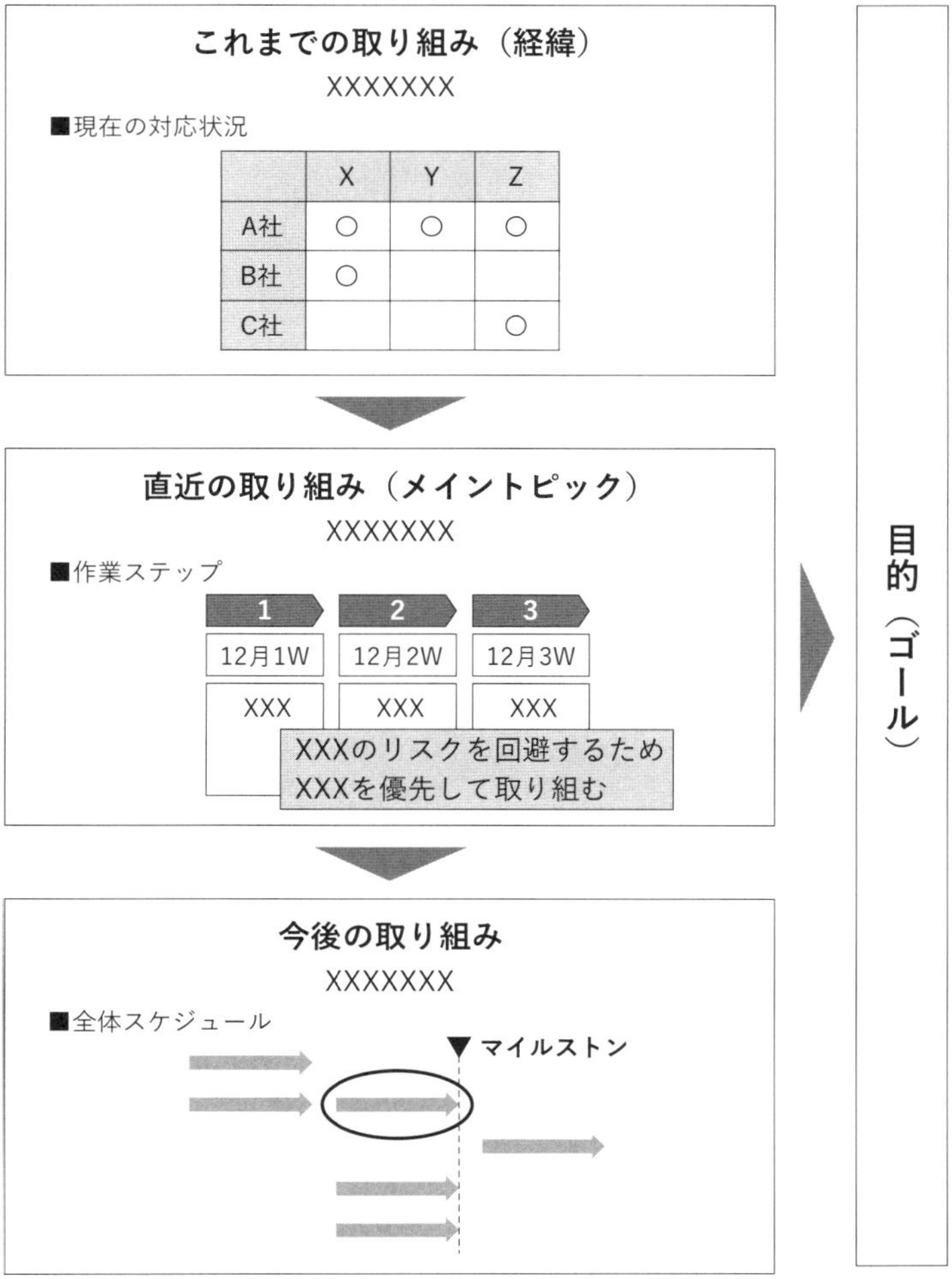
これまでの取り組み（経緯）
XXXXXXX
■現在の対応状況
X
Y
Z
A社 ○ ○ ○
B社 ○
C社 ○
直近の取り組み（メイントピック）
XXXXXXX
■作業ステップ
1
2
3
12月1W
12月2W
12月3W
XXX
XXX
XXX
XXXのリスクを回避するため
XXXを優先して取り組む
今後の取り組み
XXXXXXX
■全体スケジュール
マイルストン
目的（ゴール）

例えば「進める上でのリスク」を炙り出して、その対策をセットで明記しておけば、相手は「安心して進められる」と感じられるでしょう。

これで、全体をしっかりおさえ、さらにあなたの思いも乗せた「直近の取り組み方」のラフスケッチが完成しました。ここまでの作業を**1時間くらいで集中してつくりきる**ことを目指してみてください。体裁にこだわらなければ案外サクサクとつくれるのではないでしょうか？

このように書くネタの整理と認識合わせができれば、あとは成形するだけです。

なお、ラフスケッチの目的の1つとして、「間違いに早く気づく」ということも含まれますので、ここでの間違いは気にする必要はありません。軌道修正に必須のものとして気にせずに進めましょう。みなさんも**ラフスケッチを活用し、スピード重視**で仕事をガンガン進めていってください。

▼ハイスピード❼

〝脳力〟を温存してパフォーマンスを出し続ける技術

▼脳は「疲労すると思考も低下する」

会議など、いつも以上に集中した後にものすごい疲労感に襲われ、「もう何も考える気にもなれない」と感じたことはないでしょうか？　特にあなたが主役となる会議では、相手が理解しやすいように説明したり、相手が何を言いたいのかを読み解いたり、議論の落としどころを導き出したり、新しい案を検討したりと頭を短期間でフル回転させることで一気に疲れが出てしまいます。

私は頭の中で考える力のことを「脳力」と呼んでいるのですが、この**脳力を消耗し**

てゼロになった状態になると、考える力が格段に低下します。

いかに1日の中で、「脳力ゼロ」の状態を回避するかが、パフォーマンスを出し続けるためには重要です。

▼〝脳力〟のコントロールと仕事の緩急

脳力のコントロールは、体力と同様に考えるとスムーズです。

例えば3000mのランニングを想像してみてください。スタート地点から、50m走のようなスピードで走る人はいませんよね。体力の配分を考えながら、セーブして走り始めます。そして、誰かを追い抜くときやラストスパートでは、ここぞとばかりに力を振り絞ると思います。

仕事も同じです。**普段はうまく力を温存しつつ自分が主役のときにはフル回転する**といった具合に、1日の脳力のペース配分をしましょう。参考までに、脳力のコントロールがうまい優秀な人の考え方を紹介します。

「朝一の会議は上司も同席するお客さん向けの会議だからトップギアで臨もう。その後はペースを落としてのんびり宿題をこなし、少し仮眠をとってから、ゆっくりメールをさばくとするかな。午後は進捗会議で発表があるからまたギアを上げよう。夕方の会議は自分がメインじゃないから少し息抜きタイムかな。終業前は平常運転で明日の計画を丁寧に整理して1日のタスクは完了」

といった具合です。もちろん、これを本当に言葉に出すと周囲から非難されることになるので、頭の中で行いましょう。

仕事なのに「息抜きタイム」だと思うのは失礼だ、と思われる方もいるかもしれません。しかし、断言してもよいですが、どれだけ優秀な人も裏ではタスクによって「少しのんびり」「少し息抜き」することを考えながらバランスをとっているのです。**常に全力疾走することは、誰にもできないもの**だからです。

多くの方は、「仕事がデキる人は四六時中フル回転している」と勘違いしていますが、実際にはそうではありません。きちんと休憩をとるから、重要な場面で全力を出せるのです。**常にフル回転で全力ダッシュする必要はまったくない**ので、安心して緩急をつけるようにしましょう。

▼1日の〝脳力〟配分のすすめ

では、脳力のペース配分はどのように行うとよいのでしょうか？　おすすめは、頭の回転状態を3つに分類して振り分ける方法です。3つの回転状態とは、「スター状態」「ノーマル状態」「ノコノコ状態」です。この3つが**2：3：2の割合**になるように1日の予定に振り分けていきましょう。

「スター状態」はフル回転で脳力を使う時間です。神経をすり減らして脳力を最大に活用することになるので、どれだけ長くても1日に2時間が限界です。自分がプレゼンするなど主役となる場面に振り分けます。

「ノーマル状態」は、じっくりと物事に取り組む時間です。フル回転に対して60％く

1日の“脳力”配分は計画的に

状態	頭の回転速度	説明	1日の時間配分	消費脳力割合（限界=100%）
スター	100%	頭をフル回転して全力で取り組む	2時間	50%
ノーマル	60%	通常ペースでじっくり取り組む	3時間	45%
ノコノコ	10%	思考のペースを落としてゆっくり取り組む	2時間	5%

らいの回転速度で取り組みます。深い思考が求められるタスクは、あえて落ち着いて行うことで、考慮の不足や失念などによる手戻りを防ぐことができます。

「ノコノコ状態」は、省エネでペースを落として作業する時間です。10%くらいの回転速度で、**ほとんど考えなくてよいタスク**にあたりましょう。具体的には自分がメインではない会議の参加、定型的な進捗報告の作成、簡単なメールの返信などです。

▼脳力を節約する方法

脳力の配分を考えるうえでは、**「そもそ**

もの必要な脳力を節約する」ことも重要です。これまでノーマル状態でないとできなかったことをノコノコ状態でもできるようにすれば、1日のパフォーマンスを上げることができます。

ここでは、みなさんがすぐに取り組むことができる3つの方法をご紹介します。

【脳力節約①】1日の作業を「やるだけ」にしておく

脳力の節約におすすめの方法は、「その日の計画は、前日のうちに立てておく」ことです。このようにいうと、「もう実践している」と答える方も多いかもしれません。

そのような方は、ぜひ思い起こしてみてください。前日のうちに、本当にすべての計画を立てきっていますか？ 前日に決めるのは大まかな予定だけで、実際のチマチマした段取りなどは作業の直前に決めているのではないでしょうか？ このやり方は、計画を前日と当日の2回に分けて立てているということです。脳力を浪費する、もったいない習慣だといえるでしょう。

計画を2回に分けて立てる場合、どのような無駄が生じているのでしょうか？ そ

計画はまとめて行い、「あとは作業するだけ」にしておく

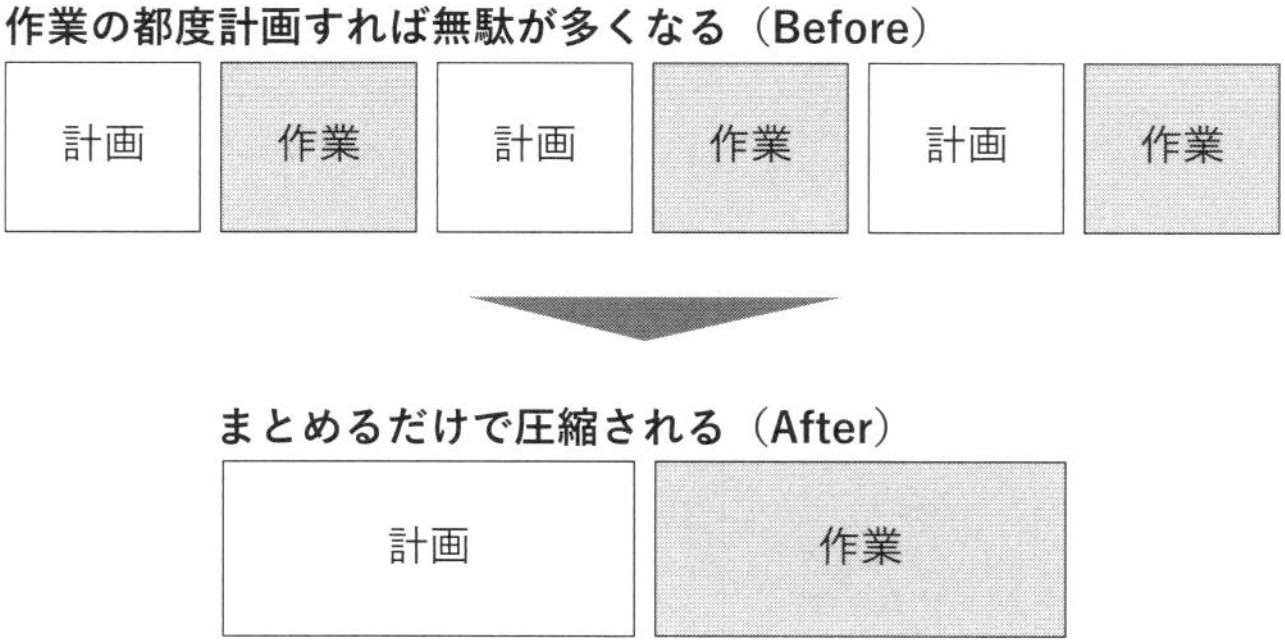

れは、何か作業が完了したときに、「次に何をやればいいのかを考え直す」必要があるということです。

一度に計画を立てきっていれば、「あとはCだけやれば大丈夫」となるにもかかわらず、計画を分けて立てようとすると「AをやってBをやったという経緯を踏まえて、ゴールから外れていないかをチェックしながら慎重にCをやろうと考える」ことになるわけです。この思考の際には**過去・現在・未来に視野を広げることが求められるため、意外なほど脳に負担がかかります。**

こうした脳に負担をかける作業は、1回に集約しましょう。前日にすべて計画を立てておけば、思考の重複を避けることができるのです。

私の場合は、**前日には翌日の行動予定をすべて事細かにOutlookに書ききる**ということをしています。

資料作成の時間は「ワーク」と予定を入れておき、本文のところに「何をどこまでやるか」を詳細に書いておきます。

会議の場合は、設定されている会議の招待（インビテーション）と同じ時間に「会議ポイント」と予定を入れ、本文には質問したい内容や落とし込みたい結論を記入しておきます。

ここまでのことを前日に行えば、当日は**書いた内容に従って実行するだけ**です。完成したレールの上を一直線に進むだけになるので、無駄な脳力を消費することなく成果を出すことに専念できるでしょう。

【脳力節約②】1週間の行動パターンを分析して、すべての予定をブロックする

考えなければいけないことの量を減らせば、必然的に脳力の節約につながります。

そこで手っ取り早く、**毎週定期的に実施している作業はOutlookの予定に組み込んでしまいましょう。**

例えば毎週火曜に進捗報告がありその資料を前日に作成しているならば、月曜の16〜17時には資料作成の予定を入れてしまいます。これで、毎回いつやるかを考えずに作業だけに没頭できます。

また、ブロックしておかない場合には誰かに差し込みで会議を入れられ、調整しなければいけなくなる可能性もあります。調整にもまた、手間と脳力が必要なので、ブロックするだけで避けられるなら安いものですね。

他にも、「メールをさばく30分」「会議後の宿題整理の30分」「明日の予定を組み立てるための1時間」「来週の予定を組み立てる2時間」などが、ブロックしておきたい予定です。このように**自分の行動パターンを分析し、1週間分のすべての予定をあらかじめブロックしておく**と、仕事の中身に専念することができるはずです。

【脳力の節約③】早朝の私生活をセーブして仕事でブーストさせよう

脳力は仕事だけでなく私生活でも消費するものです。私生活でも、考えなくてもいいことは考えずに済ませる習慣をつくりましょう。

例えば、いつもと違う時間に起きてしまうと、出社するまでの時間配分を考えなければなりませんし、違うルートで通勤すると経路を考えなければなりませんよね。このような、ちょっとした思考を減らしていくのです。

実際に、私は毎日同じ時間に起きて同じルートで通勤し、同じ場所で朝ごはんを食べて、同じ時間に出社しています。この間は、私用のメールやチャットを控え、できるだけ省エネで過ごします。

そして朝一番は、スタートダッシュで深く考える必要がある重要なタスクに取り掛かります。スッキリした頭で臨むことができ、かなり仕事が捗る、という流れです。

仕事で成果を上げたいと真剣に考えている方は、朝の時間だけでも脳力について考えてみてはいかがでしょうか。

4章

〝ベストアウトプット〟にコミットするための「仕事の捨て方」

自走するための「捨てる」発想

▼上司はなぜ、事情をくんではくれないのか？

あらゆる仕事は、「上司の指示通りにやればできる」ものではありません。そもそも上司は、あなたの抱えている仕事量を細やかに配慮して指示してくれるものではありません。必要だから指示が出されているにすぎないのです。

出された指示に対して、いつまでにやるのか、どのレベルまでやるのか、できないのならどうすればよいのかといった采配《さいはい》とコントロールは、あなたに任せられています。これは、言い換えれば、指示を受けたあとは**自分で考えながらゴールを達成する「自走力」が求められている**ということです。

本章では、この自走力をつけるために必要な仕事のやり方や考え方を紹介します。

▼タスクは「自分が支配すべきもの」である

まずは**与えられたタスクを「自分の支配下に置く」**という考え方をとりましょう。上司に言われたからやるという消極的なものではなく、どんな小さな指示でも、責任をもって自分が最後までやりきるという強い意志を持つことです。

この意志を持って、すべてをこなすための段取りを組み立ててみてください。すると、どうでしょう。どうしても時間が足りず、タスクがあふれ返ってしまうのではないでしょうか。

仕事は次から次へとたまっていく、エンドレスなものです。一方あなたの時間は有限です。時間が足りないのであれば、**何かを思い切って「捨てる」しかありません。**

ただし安直に「難しいタスク」や「時間のかかるタスク」を捨ててはいけません。それこそが、あなたの成果に直結するものだからです。では、どんなタスクを捨てればいいのでしょうか？　問題にならない捨て方は？　さっそく見ていきましょう。

▼仕事の捨て方❶

実は誰もが喜ぶプロの〝手抜き術〟

▼過去の成果物は仕事圧縮の「最強の武器」である

仕事がデキる人とデキない人の差は、「経験したことのない難しいタスクを振られたとき」にこそあらわれます。

例えば、顧客から、

「導入する基幹システムのパッケージをＳＡＰにするかＯｒａｃｌｅにするか悩んでいるので比較してほしい」

と言われたとしましょう。こうした仕事があなたに振られたのが初めてであれば、何から手をつければいいのか、わかりません。どこを比較すればいいのかも見当がつかないということになります。

このとき、仕事が遅い人は、まず自力で取り組みます。ネットで使えそうな情報をなんとなく調べていくことになり、膨大な時間がかかるでしょう。

一方、仕事が速い人は、まず自社内に蓄積された他社事例を確認します。他社事例から、どのような軸で比較すべきかなどの参考にできる点を探し、積極的に先人のやり方を「パクり」ます。調べるのはそれからです。

仕事がデキる人は、手に負えない課題に突き当たったら**「どこかにマネできるものがないかな?」**と発想することができるのです。

先人の成功事例は、数学でいう公式のようなものです。ゼロから編み出すことは至難の業《わざ》ですが、知っていれば難しい問題をいとも簡単に解くことができます。仕事も、**うまく型にはめることができれば、どんな問題も容易にクリアすることができる**のです。

▼仕事は積極的に模倣せよ

あなたもいちはやくデキる人の仲間に入りたいならば、「頑張って考えなきゃ」ではなく**「どこかにマネできるものはないかな」という思考に切り替えましょう。**

なぜ、この戦略がうまくいくのかといえば、組織の一員として上位者のもとで仕事をしている限り、「その会社でまったく未知の作業」が急にあなた1人だけに任されることはほぼないからです。実際、日本企業の取り組みは95％が既存事業で、新規事業の割合はわずか5％ともいわれています。

「コストを削減する」「組織のガバナンスを強化する」「業務プロセスを見直す」「システムを導入する」……一見どんな難しそうなテーマでも、会社の先輩の誰かがやったことがあるはずです。**先人が残した「過去の成果物」を読み解いて、積極的に模倣したほうが、アウトプットを圧倒的に速く出せる**ことは間違いありません。

私はマネージャの頃、顧客の「中長期経営計画を基にＩＴ戦略を立案する」という構想策定を支援したことがあります。私にとっては初めての案件であり、当時、何から手をつけていいか、まったくわかりませんでした。そこでひとまず最新のＩＴ技術をネットで調べようとしたところ、上司から「待った」がかかりました。

その上司から続けて言われたのが、「社内で類似の事例がないかを、ＫＭＣ（ナレッジマネジメントセンター）に問い合わせるように」ということでした。そして事例を出してもらったところ、想像以上に情報量が多く、驚いたものです。

また、内容面も非常に勉強になりました。というのも、それらの成果物から、この手のプロジェクトの場合は、「①現状調査、②改革テーマの検討、③取り組み施策の明確化、④ロードマップ策定」という順番で進めることが王道だということがわかったからです。

ならば今回も、最初にとるべきアクションは、その顧客が「ＩＴに対してどんな問題を抱えているのか」を分析する、ということになります。具体的には、費用や人員といった定量情報と、ステークホルダー（役員から現場まで）からのヒアリングによる定性情報を収集し、定量と定性の両面から「真の課題」を見極めます。

この課題に対して取り組むべき施策を明確にした上で、具体的に活用するＩＴ技術を見定めスケジュールに落とし込む、とできれば、ゴールにたどり着くことができるでしょう。

このとき、もしゼロからアプローチを考えていたら、おそらく1カ月は必要だったはずです。しかし、具体的なアプローチや流用できる資料が残されていたことで、わずか1日で提案の骨子をつくることができました。

過去の事例の模倣は、いいアウトプットを出すための近道なのです。

▼ピンチに陥ったときに注目すべきは「先人のプロセス」

さて、過去の成果物は頼りになる武器ではありますが、活用にあたって1つ注意点があります。

それは、顧客に納品された最終アウトプットしか見ることができず、**そこに至るまでの過程（プロセス）が示されていない**点です。プロセスが書かれていないため、ゴ

自分でゼロから考えるよりも先に頼るべきこと

①社内の類似事例の成果物　←　まずは過去の事例を探そう

②社内の経験者の話　←　貴重な体験から注意点を聞き出そう

③社内の方法論　←　品質をさらに上げるときに活用しよう

④インターネットや書物　←　手を出しがちだが最後の手段にしよう

ールが見えているのに進め方がわからない、というケースも少なからずあります。

先ほどのようなＩＴ戦略立案の支援のケースにおいては、ＩＴ部門と業務部門の意見が対立して、改革テーマがうまく決まらないということがよくあります。それぞれがやりたいことを主張し、どちらも譲らないという状況です。

これに対して、「トップダウンで決める」「定量的に効果を示す」「決めきらずに後回しにする」「別の案を受け入れ交換条件とする」などいくつかの手立てが思いつくと思いますが、前例が実際にどのように乗り越えたのか（ＨＯＷ）は成果物からは見えません。

もし、このように成果物に書かれていないＨＯＷでつまずいた場合には、経験者に直接コンタクトをとって聞いてみるしかありません。

仕事ではたいてい誰もがつまずくポイントというものがあります。**先人が「現場で培った生きたノウハウ」を直接聞いて模倣する**ことで、ピンチを素早く乗り越えて成果につなげることができるのです。

10分でもいいので時間をとってもらい、ポイントを聞き出しましょう。

▼企業所有の方法論を使う際の注意

企業によっては、自社の方法論を確立しているケースもあると思います。「〇〇メソッド」と名づけてブランディングしていることも多いものですが、こうした方法論の活用には、注意が必要です。それは、この手の方法論は、ほとんどのケースで**一通りの経験をしたことがある「玄人《くろうと》」向けにつくられている**ということです。

私自身、プロジェクトにおけるシステム設計のフェーズをおおむねこなすことができるようになった2年目の頃に、この「社内メソッド」で痛い目を見たことがあります。

要件定義を任されたのですが、上司から言われたのは、

「社内に方法論もあるからできるでしょ」

たしかに社内メソッドには要件定義の「大まかな進め方の考え方」「大まかな観点」がまとめられており、それを参照することはできました。しかし、「どうやって進めたらよいのか」（HOW）という点で行き詰まってしまいました。大枠だけは理解できたものの、具体的に落とし込むことができなかったのです。結局このときは戦力になれず、上司にフォローしてもらう毎日を過ごすしかありませんでした。

当時、私は「自分の理解力が低いから、方法論を読み解けなかったのだ」と思っていたのですが、その後数年たって、自分が方法論をつくる立場になったときに、この

認識すら間違っていたことに気がつきました。

方法論は汎用的につくるものなので、プロジェクト固有の状況などはそぎ落とさざるをえません。そのため、考え方や細かい事情などを深掘りすることができず、どうしても「大まかな」考え方を記すだけになってしまったのです。

こうした経緯から、「社内メソッドとは、一度タスクを経験した人が再度同じタスクを実行する際に、検討漏れなどを防いで精度を引き上げる際に活用すべきものであり、かつ、思い出すという労力を減らすための補助ツールである」と考えを改めることとなりました。

社内メソッドは玄人向けであり、何も知らない方が初めて取り組む場合にはうまく使えないことが多いものです。初めての案件のための参考資料としては社内メソッドに頼りきるのではなく、やはり過去の成果物やその担当者からの学びを優先しましょう。

仕事の捨て方❷
規定やルールの〝合法的な壊し方〟

▼気づかないうちに蔓延《まんえん》している「謎ルール」

みなさんの職場には、

「毎日とりあえずチームで集まることにしている定例会」

「内輪で少し会話するだけで作成する議事録」

「会議の終わりに一人ひとり名指しで発言を求める謎の時間」

「相手を変えて何度も同じ話をする報告会」

などはありませんか？　どの職場にも、会社の規定に書かれているわけもないのに、昔からの文化だから、上司が言ったから、といって疑いもなく続けているような暗黙のルールがあるものです。

しかし、その多くはいくら真面目に対応しても、メインタスクでの成果にはつながりません。できるだけ早く撤廃するのが得策です。

しかし、明らかに無駄だと思えるルールでも、「時間がもったいないのでやめましょう」とゼロにする提案を真っ向から仕掛けても、まず受け入れられることはありません。組織に根づいた文化は簡単には変えられず、みんな頭ではわかっていても、覆すだけの勇気は持てないものです。

▼ルールを変えて作業時間を完全ゼロ化する方法

では、謎ルールにも従い続けるしかないのでしょうか？　いいえ、実はコツさえつかめば、謎ルールの呪縛から逃れることが可能です。そのコツとは、**「同じ結果となる他の手段をとること（代替）」**と**「その代替手段により、今よりも短縮できること（圧縮）」**です。私が実際にプロジェクト内で行った、議事録作成を完全にゼロ化したとき

みんなが得するルールの変え方

ルール変更前（Before）

会議後に議事録を作成する

会議終了 ➡ 議事録作成 ➡ 議事録レビュー ➡ 展開

（所要時間：2-3時間、期間：1-2日）

▼

ルール変更後（After）

会議中に議事メモを作成して展開する

会議中に議事録作成 ➡ 会議中に議事録レビュー ➡ 会議中に展開 ➡ 会議終了

（所要時間：0、期間：0）

の体験談をもとにお話しします。

議事録は一般的には会議の出席者がその後作成し、レビューを受けて展開するものです。多くの会議で作成され、1時間の会議に対して2～3時間はかかることが多いですが、実際のところ、議事録が後から見返されることはほとんどありません。

そこで私は新しいやり方を提案することにしました。「会議が終わるまで」にすべてのプロセスを終わらせるというものです。

まず、会議の資料の投影役を引き受け、自分のパソコン画面をみなに共有できるようにします。これで画面の主導権を握ることができました。
次に、Outlookの会議のインビテーションに「全員返信」でメールを作成します。そのメールの本文には、「討議」「宿題」「結論」と3つの項目を書いておきましょう。そして議論が始まったら、要点を捉えながら「討議」の欄にメモをしていきます。もし誰かが何かの作業を持ち帰ることになったら「宿題」の欄に記載します。決定事項があれば「結論」に記載します。

このときのポイントは、「あえて、出席者全員に向けて投影しながら書くこと」です。全員の目の前で書いていけば、内容に間違いがあった場合にはその場で指摘してもらえ、後日のレビューは不要になります。

そして、会議終了の5分前になったら、ラップアップの音頭をとりましょう。宿題と結論を読み上げて認識を合わせ、そして最後にメール送信ボタンを押すのです。

これで、**「代替」と「圧縮」によって、会議後に議事録にかける手間が完全にゼロになりました。**合法的に、ルールを変えることができたわけです。

▼ルール変更は歓迎される時代

デジタルの発展により、世の中は目まぐるしく変わっています。電子マネーの普及で現金を持ち歩く必要はほとんどなくなりました。無人のコンビニも増えてきています。ChatGPT がどんな質問にも答えてくれる仕組みも出てきました。これまで常識だと考えられてきた日常は、この数年、数十年で大きく変わってきています。

このようなＩＴ技術による大きな変革のことを、「デジタル・ディスラプション（破壊）」や「ゲームチェンジ」と呼んでいます。以前は、先人がつくったルールやしきたりを重んじ、それを伝統として引き継いでいくことが美学とされていましたが、今や既成概念や既存のルールに縛られず、新たな考え方を示して切り開いていくことが求められているのです。

みなさんも会社や組織、上司の暗黙のルールにとらわれず、いつものやり方に疑問を持ち、**積極的に「ルール変更を提言」**して成果につなげてはいかがでしょうか。

▼仕事の捨て方❸

依頼や指示を〝戦略的に〟受ける技術

▼「何を捨てるか」を上司に選んでもらう

多くの方は、日々、上司からたくさんの指示を受けて仕事をしています。では、上司はあなたに何をお願いしたのかを、どこまで覚えていると思いますか？　実は、意外なほど覚えていないものです。

実際私も、管理職として5人のメンバーに指示を出していたときには、全員への指示を細かいところまで記憶に留めておくことはできていませんでした。大きなタスクはもちろん覚えていますが、例えば資料の文章の校正や、会議設定、他チームへの情報共有の依頼など、何百もの細かいタスクとなれば話は別です。自分のメインのタスクに加えて、そうした細かい指示をすべて記憶しておくことは、誰にとっても困難なのではないでしょうか。

これは裏を返すと、あなたがタスクを抱えていても、上司がすべて記憶して丁寧に管理してくれるわけではない、ということです。**あなたが指定された時間の中で与えられたタスクをやりきれるかどうかは、あなた自身に委《ゆだ》ねられています。**

あなたが引き受けたタスクを期限内に完遂させるのは「あなたの責任」であり、できなければ「成果が出なかった」とみなされてしまうのです。

ですから、次から次へとタスクを振られてパンクしてしまいそうになっているのであれば、それを自分で防がなければいけません。このときに有効なのが、

「そのタスクを受けると、別件の○○が期限に遅れてしまいますが、どちらを優先しましょうか？」

と、**毅然とした態度で打ち返すこと**です。これは要するに、「どれを捨てるべきか」を上司に選ばせるということです。あなたがすでに多くのタスクを抱えていると気づ

けば、上司は納得して他のメンバーにタスクを振ってくれるでしょう。

これまで何度も繰り返してきましたが、あなたのミッションは「成果を出すこと」です。明らかに成果を出せないとわかっているならば、背伸びして無理に引き受けたり残業する必要はありません。**捨てるものは上司に選ばせ、自分が取り組むべきタスクを絞りましょう。**

▼「言った言わない問題」を撲滅する1通のメールの使い方

さて、上司からの指示といえば、明確にはなされていなかったはずなのに、

「あれ？　お願いしたはずだよね？」

と言われたことはありませんか？

「お客さんからの問い合わせが増えているみたいだね、ちょっと減らす方法を考えなきゃいけないよね」

などと言われて、何も対応せずに放置していたら、

「減らす方法を考えてってお願いしたよね？」

と言われてしまうようなケースです。

上司の発言を振り返ってみればたしかに問題提起はされていますが、直接の指示は出ていません。これがいわゆる「言った言わない問題」ですが、上司に当時の会話を振り返っていくら説明したとしても、納得してくれるものではありません。

このような事態を避けるためにおすすめなのが、依頼を受けたら必ず**「指示内容をメールでまとめて上司に送る」習慣**です。

長文で書く必要はありません。「ToDoメモ：問い合わせ数の確認を行う」と記載すれば、問い合わせを減らす方法についてはタスクの対象外であることが見て取れます。認識が異なる場合は上司が指摘してくれて、すぐに軌道修正ができるはずです。

実際の会議の場では、細かい指示をいくつも受けるものです。お互いに記憶に留めておくことは難しいので、これらを漏らさずにメモして共有することで、相手の期待通りに成果を残すことができるようになります。

私はこの方法を用いて**「どんな小さな指示も取りこぼすことなく対処する」**ことが

できるようになりました。こうした積み重ねが、上司や顧客からの圧倒的な信頼につながっているのだと感じています。

▼定型作業は一度やって仕組み化してからメンバーに渡す

どんな仕事をしていても、臨機応変に対応するようなタスクだけが求められるわけではありません。ときには定型作業を依頼されることもあるのではないでしょうか？

定型作業とは、決められたタイミングでメールを送ったり、数字をチェックして反映したりという仕事です。

基本的に定型作業は「成果とはいえない」「あなたの成長につながらない」もので、いくら頑張っても、正直プラスにはなりません。しかし、どんな定型作業でも指示は指示ですので、受けた以上は拒否することは難しいものです。

そのようなときに効果的なのが、「一度だけ自分でやってみて、仕組み化して、あなたの配下のメンバーに渡してしまう」という方法です。

手作業で行われている定型作業は、一つひとつの手順の詳細やつながり、役割を理解できれば、「どう効率化すべきか」「どう改善すべきか」という糸口が見えてきます。

もし、進捗資料の作成において各チームからヒアリングして数字を1つずつ手で集計して8時間かけているのであれば、各チームに記入してもらうエクセルのフォーマットを用意してルールを展開し、関数を使って1分で終わらせる方法を提案することができるわけです。

こうした「一度は自分で実施してみよう」というマインドはＩＴコンサルにはだいたいしみついているものですが、ＩＴコンサルに従事していない方でも**自分でやってみれば、見えてくるものが多くある**はずです。

このように定型作業を効率化し、圧縮できれば、誰かに引き継ぐのは難しいことではありません。配下のメンバーがいればその人に、もしメンバーがいないようであれば上司に相談して協力会社の方を雇うといった提案をしてみるのもいいでしょう。

これで定型作業を、一度は引き受けつつもうまく手放すことができました。成果を出すべきメインのタスクに専念できるはずです。

▼余力があるときは「あざと受け」し、貸しをつくっておく

うまく依頼や指示をさばけるようになってくると、余力が出てくることがあります。このときにおすすめなのが、「上司以外からの簡単な依頼」をどんどん受ける戦略です。

「過去の事例を教えてほしい」

「専門の領域について教えてほしい」

といった、あなたが経験したことや得意なことについては、特に準備せずにすぐに支援できるかと思います。答えたからといって直接成果にはなりませんが、普段から支援をしていれば、自分が困ったときにも支援を得られやすくなります。「恩を売る」とまでいうと少し抵抗があるかもしれませんが、**「あざとく依頼を受ける」ことは未来の自分の成果につながります。**

余力の範囲で行う「戦略的な人助け」で、有利に仕事をしやすい環境を整えておきましょう。

▼仕事の捨て方❹
部下を育成しないで〝戦力化〟する方法

▼部下は「育成できないもの」である

コロナ禍を経て、最近特に部下育成に関する悩みをよく聞きます。

「手取り足取り教えても、なかなか思うように育ってくれない」

「何回伝えても伝わらない、理解してくれない」

「答えまで言っているのに全然違うアウトプットが出てくる」

多くの人が口を揃《そろ》えて、同じことを言います。それだけ**部下の育成は簡単にできるものではない**ということです。


そこで本書では、部下の育成について少し発想を転換することをおすすめします。

「部下を育成しよう」とするのではなく、「部下を戦力化しよう」とするのです。これはどういうことでしょうか？

ＩＴコンサルという仕事は、半年～1年ごとにプロジェクトが変わります。その都度、新しい上司・新しい部下と人間関係を築いていくことになります。こうした状況のため、能力もスキルも性格もわからない部下を引き連れてプロジェクトに参画することになりますが、求められるのは1日1日のアウトプットです。

当然、部下の教育に専念している時間などとれるわけもありませんから、実務でひたすらノウハウを効率よくたたき込みながら、間接的に指導していくというアプローチをとることになります。

つまり、**部下を現場でその都度戦力化していくことで、長い目で見たら部下が育っている、という状態をつくっている**のです。

ここから、ＩＴコンサルが現場で実践している部下の戦力化のコツをお伝します。

【戦力化のコツ①】1つでも新たに生み出したら評価する

部下の考える力を伸ばす一番の方法は、**自分なりのアイディアを少しでも出せたときにしっかり評価すること**です。

アイディアといっても、誰もが驚くクリエイティブなものでなくても構いません。どんな小さなことでも、上司や周りの人がまだ気づいていない視点でプラスになることを導き出せればＯＫです。

それでは、評価に値する「自分なりのアイディア」とはどのようなものか、１つ例を挙げてみましょう。あなたは人事部の採用チームに配属され、採用面談の評価観点を検討することになりました。その観点は、２４８ページの表にあるように、すでにある程度、上司と別のメンバーがつくっていたとします。

この表に対して、あなたなりの視点で何か新たな案を出すことはできますか？　いったん読み進めるのをやめて、考えてみてください。

ケーススタディ：採用面談における評価の観点

分類	項目	評価の観点
ハードスキル	業務知識	強みとする業務の経験はあるか
	IT知識	強みとするITの経験はあるか
ソフトスキル	リード力	自らタスクを計画し、責任をもって遂行できるか
	コミュニケーション力	相手の立場を考慮し、説明・交渉・説得ができるか
	コラボレーション力	他者と友好な関係を築き、相乗効果を引き出せるか
	問題解決力	中身まで掘り下げて、自らの力で大きな課題を解決できるか

一見、それなりに軸が整理されているように感じられます。しかし、突っ込む余地はまだいろいろあるでしょう。例えば、

●定性情報ばかりで定量情報がない。
●業務知識・IT知識・リード力については実際の経験の年数を確認する。
●コミュニケーション力やコラボレーション力は、顧客・上司・他チームそれぞれに対してどのようにしているかを確認する。
●ソフトスキルは、論理思考や成果物作成など具体的なトピックごとに確認する。

このように、すでに挙がっている情報から「枠を超えてみる」「違う角度から切り込んでみる」「分解して掘り下げてみる」ということが少しでもできれば、新たな視点を生み出せていることになります。

新たな視点を生み出したことを評価し、それを繰り返すよう指導していくと、部下は自然と自分で考えるようになっていきます。質問をしてもいないのに、

「こうしたらどうでしょうか？」

「こうあるべきだと思います！」

と**自分から意見を言い出したら成長の証**です。おそらくその頃には、すでにあなたの大きな助けとなっているでしょう。

【戦力化のコツ②】3つの質問で部下の思考力を飛躍的に上げる

例えば部下から「問題が発生しました」と報告を受けたとしましょう。このとき、あなたはどのように対処しているでしょうか?

「じゃあ△△するようにしてください」と指示を出すのは悪手です。部下は自分で考えることをやめ、ただ言われた通りの作業をするマシーンになってしまいます。

仕事がデキる人は、小さな問題であれば瞬間的に解決策を導き出すことができるため、つい答えを伝えがちですが、戦力化のためにはそれをぐっとこらえ、部下に考えさせましょう。部下に考えさせるためには、次の3つの質問が効果的です。

1　事実(Fact)の報告:「**どのような結果でしたか?**」
2　自分の考え(Idea)の提示:「**あなたの考えはどうですか?**」
3　次の行動(Action)の提示:「**それに対して、あなたは何をしますか?**」

部下の成長を促すには

×部下が成長しないスパイラル

部下に雑用を任せる＆こまやかな指示を出す
↓
部下の考える力が育たない
↓
部下はいつまでも成長しない
↓
上司が指示を出し続けなければならない
↓
いつまでも細かいフォローが必要になる
（→最初に戻る）

○部下が成長するスパイラル

雑用は評価せず、何か1つでもアイディアを出せたことだけ評価する
↓
部下が自ら考えるクセがつく
↓
部下が自走して仕事をまわすことができる
↓
上司は部下にまとまったタスクを任せることができる
（→最初に戻る）

1の質問は特に意識しなくてもできると思います。それに加えて考え方を引き出す2の質問をすることで、単なる事実の報告に終始せずに済みます。さらに3の質問で、先のアクションまで考えさせます。

部下はその場で考えて回答できるかもしれませんし、何も答えられないかもしれません。ただ、毎回同じ質問をしていれば、そのうち準備をするようになるはずです。何かしら「自分で考えよう」とするクセがつくのです。

この3つの質問は、私自身が50人ほどのプロジェクトのリーダーを務めていた頃に、

プリンシパル（執行役員）が私に対してとってくれた育成法です。

私はそのプリンシパルに対して、月次でプロジェクトの進捗状況を報告していました。ある日、システム開発のタスクに大きな遅延が出てしまったので、原因と対策を考え、リカバリできるめどまで立てたところで報告をしました。すると、

「それで、あなたはどうしたいの？」

と聞かれ、そこでハッとしました。私の報告は、メンバーから伝え聞いた情報がロジックも含めて妥当であると思い、ほぼそのまま伝えていました。そこに「自分の考え」はたしかにありませんでした。

プリンシパルが毎月、私に同じ質問をしてくださったことで、私自身の考える力は飛躍的に上がり、先回りの施策を講じることができるようになったと感じています。私もまた**端的な質問によって「戦力化」してもらった**のです。

▼絶対にやってはいけない指導法

さて、部下と関わる上では、絶対にやってはいけない指導法もあります。ここで紹

介するのは、これまで200人を超える部下と仕事をしてきたなかで、やってしまって後悔したものばかりです。さっそく見ていきましょう。

【やってはいけない指導法①】思考のロジックは伝えるな

やってはいけない指導法の1つめは、思考のロジックを伝えるということです。デキる人ほど仕事の仕方を頭の中で体系化できているので「考え方」を伝えがちです。

「〇〇だから△△で、それなら□□から▽▽といえるよね、わかるよね」

といった具合です。このように指導をされると多くの部下は、

「はい、わかりました。すごい納得しました。次から頑張ります」

と返事をするでしょう。一見、いい指導をしているようにも思えますが、この指導法では次も部下は高いアウトプットを出すことはできません。なぜなら、部下にはまだ、あなたの思考レベルで物事を考えられていないからです。それなのに、思考のプロセスを理解し、再現しろといってもできるわけがありません。モチベーションが下がり、成果も下がる一方になってしまいます。

【やってはいけない指導法②】会話中に絶対にメモをとらせるな

あなたが指示を出したり指導したりしているとき、真面目で向上心の強い部下ほど「メモをとろう」とします。必死にメモをとる姿を見れば「感心」と思うかもしれませんが、これも今日からやめさせましょう。**書くことに少しでも気が向いてしまうと「自分で考える」ことがおろそかになってしまうからです。**

「上司が話をする→部下が聞いてメモを書く」という構図では、部下は完全に受け身です。インプットしよう・整理をしようという構えになるので、「自分で新たな視点で考える」という発想を持てなくなってしまいます。

部下が成長しているときには、

「こういう場合はどう考えたらよいですか？」

「この観点も必要ですか？」

というような、**広がりのある質問**が出てくるものであり、こうした質問は「考えること」なしには出てきません。そのためにはメモを書かせるのは今すぐやめましょう。

5章

究極の〝パラレルタスク〟の進め方

パラレルタスクは「仕組み」で進める

▼タスクは「無限に」増えていく

今この瞬間に、みなさんはタスクをいくつくらい抱えていますか？　会議調整や情報収集などの小さいタスクもあれば、課題や方針の検討といった大きいタスクもあるでしょう。大小すべて挙げると、おそらく50はあるのではないでしょうか？

私はシニアマネージャ（上級管理職）の頃に、興味本位で自分のタスクを数えてみたことがあります。驚くことに、そのときのタスクは２００を超えていました。同じような状況の方も、少なからずいらっしゃるのではないでしょうか？

１つの職場に長くいればいるほど抱えているタスクは増えていきます。入ったばかりの頃は限定的で難なくこなせたタスクも、半月、1年、3年とたつにつれ、急ぎではないものが振られたり周りからお願いされたりして、山積みになっていくものです。数カ月がかりで対応するタスクが増えてくれば、覚えておくのも大変です。

▼手順を身につければ、誰でも「同時進行」できる

この、膨大なタスクのさばき方が、デキる人とデキない人ではまるで違います。デキる人は「すべて」を「漏れなく」さばきます。

一方で、デキない人は、上司から「これ、やっておいて」「ここも直しておいて」と細かい指示を五月雨にたくさん引き受けて、どんどんやることがたまっていきます。一度キャパオーバーになってパンクしてしまうと、やるべきことを見失い、遅延だらけになり、なかなかリカバリすることが難しい状態になってしまいます。こうして「期限に間に合わない」「忘れる」「的を外す」ことが増えてしまうのです。

タスクがどれだけ多くても、焦ってはいけません。適切な方法で整理し、進めることで、あなたの仕事はかなり圧縮することができます。さっそく見ていきましょう。

▼パラレルタスク❶

並列化のまやかしから抜け出し〝究極の直列化〟を会得しよう

▼タスクは均等にバランスよく進めてはいけない

日常的に私たちは、複数のタスクを「同時並行」でこなしています。「月末が期限の大きなタスクが2つあって、今週中に終わらせるべきタスクが3つあり、メールでお願いされている5つの小さいタスクがある」といった具合でしょうか。

「人間は、一度に考えられるのは3つまで」とよくいわれます。本当にその通りで、私もこれまで何度か4つめの並行化を試みましたが途端に難しく感じました。しかし、逆にいえば**3つまでなら、やり方次第で誰でもできる、**ともいえます。

そこでまずは、並列化の下手な例と上手な例を比較しながら、パラレルタスクを行うための基本ルールを確認しておきましょう。

ここでは仮に、A、B、Cの3つのタスクを1週間で仕上げるとします。

並列化が下手な人は、この3つのタスクを1日の中で均等に配分して、「時間で区切って」進めようとします。午前中は1時間ごとにタスクを変えて順番にこなし、午後もまた同じようにこなす、という具合です。

一見、全体としては前に進んでいるように思えますが、この進め方は効率がいいとはいえません。むしろ、非常にロスが大きいものです。

というのも、「時間で区切る」ときのゴールは、「その時間でできるところまで」と曖昧になります。

また、決めた区切りの時間になると、どんなに考えが整理できて波に乗っていたとしても、道半ばで強制中断して別のタスクに着手することになります。再開するときにもどこまでやったかを再確認しなければなりません。

結果として無駄な時間が多くなり、トータルで時間がかかることになってしまいます。特に複雑なタスクを進めている場合には、最悪の進め方といっても過言ではありません。どのタスクも中途半端な状態になり、期限を迎えてしまうことも珍しくありません。**並列化する際には、時間を区切りながら「バランスよく」「均等に」少しずつ前に進めようとしてはいけない**のです。

▼タスクの「キリのよいところ」とは？

では、優秀な人はどのようにこなしているのでしょうか？

「タスクごとにキリがよいところを見極めて、そのキリがよいところまでは1つのことに集中してやりきる」という進め方です。

例えばタスクAはドラフト作成に3時間かかると見込むのであれば、午前中に集中して一気に片づけてしまいます。小分けにしてパラパラやろうなどということはしません。一気に作業を進めることで、全体の整合性も取りやすくなります。

タスクBやCも同様です。調査を終わらせたり、方針を考え抜いたりといった**「何**

並列化の下手なケース

▶1日の過ごし方

9:00-10:00	タスクAをできるところまでやる（**進捗0％→10%**）
10:00-11:00	タスクBをできるところまでやる（**進捗0％→10%**）
11:00-12:00	タスクCをできるところまでやる（**進捗0％→10%**）
12:00-13:00	昼休み
13:00-14:00	タスクAをできるところまでやる（**進捗10%→20%**）
14:00-15:00	タスクBをできるところまでやる（**進捗10%→20%**）
15:00-16:00	タスクCをできるところまでやる（**進捗10%→20%**）

特徴

× **タスクが強制中断されるので、再開時にロスが大きい**

× **それぞれのタスクが少しずつ前に進むように見えるが、全体の進捗は鈍化する**

かのキリまで終わらせる」ことを目標に組み立てていくと、時間内にどこまでやるべきかのゴールが明確になりますし、手戻りも圧倒的に減らすことができます。

並列的に仕事をしている中でも、必要であれば1日中タスクAに専念してもいいのです。**「並列タスクをこなすときほど直列にやる意識」を持つことが重要**だといえるでしょう。

▼T字ラインで並列化がうまくなる

並列化をうまく進めるためのコツは**「T字ライン」**です。

T字の横の線は「全体を俯瞰」するという意味です。全体のタスクを広く見て優先度を検討し、どれから手をつけるべきかという計画を立てる力が必要です。

そしてT字の縦の線は「ディープダイブ」するという意味です。一度作業に取りかかったら1点集中で掘り下げて、タスクをこなしていきます。

そしてタスクがキリのいいところまで到達したら、再度全体を見渡して状況を確認

並列化の上手なケース

▶1日の過ごし方

9:00-12:00	タスクAのドラフト作成までやりきる	（進捗0％→60％）
12:00-13:00	昼休み	
13:00-15:00	タスクBの調査を終わらせる	（進捗0％→40％）
15:00-17:00	タスクCの方針を考えきる	（進捗0％→40％）

特徴

○途中中断がなくなり、一気に進められる

○時間枠のゴールが明確になり、進めやすい

し、そして1つに集中します。パラレルタスクはこの繰り返しです。

この進め方は、鳥が獲物を捕らえる様子をイメージするとわかりやすいかもしれません。鳥はまず、上空から広く地上を見渡して獲物を発見します。そして獲物を見つけたら狙いを定めて急降下して仕留めます。急降下の最中は別の獲物は探しませんし、仮に見つけてもそちらに向かうこともありません。

パラレルタスクとは、まとまった「時間のカタマリ」を使って「直列」に進める仕事術だといっても過言ではないのです。パラレルタスクが苦手だという人こそ、「同時並行」という考え方に惑わされず、直列で集中して取り組みましょう。

▼T字ラインを活用した仕事の進め方

このT字ラインの考え方は、1つのタスクにおいて多岐にわたる視点や取り組みをしなければならない場合にも有効です。そこで、ここでは資料をつくるというシチュエーションで活用してみましょう。例えばあなたが「固定資産管理の業務マニュアル」を作成することになったとします。

最初はT字ラインの横の線です。広く見渡して、書くべきトピックを考えましょう。固定資産には「登録」「変更」「除却」「売却」「償却費の計算」「法人税申告」といった業務のトピックがありますね。ここで「トピックを考えたからいったん終わり」とするのはNGです。ここはまだ、キリのいいところではありません。

複数タスクで資料をつくるときの効率的な進め方

	ステップ1	ステップ2	ステップ3	ステップ4
タスクA	資料作成 ➡	相手の確認		
タスクB		資料作成 ➡	相手の確認	
タスクC			資料作成 ➡	相手の確認

並列化の極意＝複数タスクを直列でこなすこと

というのも、ここで区切ってしまえば、あとで掘り下げて考える際に、二度手間が生じてしまうからです。おそらくあなたは、トピックを洗い出す際に、少しは具体的な中身をイメージしていたはずです。その思考を逃さず、すかさずT字ラインの縦の線として思考を深め、中身のマニュアルもつくり始めてしまうのです。

このように、**トピックを考えたときにすかさずディープダイブすることは、パラレルタスクで効率を上げるために非常に重要です。**数日後に再開し取り掛かるよりも、圧倒的に早く作業が終わることを体感できるはずです。

▼区切りは「誰かにボールを渡すまで」

並列タスクの効率をさらに上げるためには、区切るタイミングに注意しましょう。最も効果的なのは、「誰かにボールを渡すところまでやりきる」ということです。

ほとんどのタスクは、あなた1人で完結するものではないでしょう。つくった資料を上司に確認してもらう、質問して相手に回答してもらう、など、誰かにボールが渡っていて作業が一時中断するタイミングが必ずといっていいほどあります。この、**相手がボールを持っていて、自分がやれることはいったんなくなったときが、タスクを切り替える最良のタイミングです。**ボールを渡して、別のタスクに専念しましょう。

このタイミングは、「やれるところまでやりきった」状態なので、別のタスクにもすっきりした気持ちで取り組めるはずです。

反対に、自分がガンガン進められているタイミングでは、区切りはつくるべきではありません。勢いに乗っているときのほうが、パフォーマンスも上がるものです。

▼パラレルタスク❷

パラレルタスクの難易度を劇的に下げる「メモ」技術

▼パラレルタスクが得意な人は何をやっているのか?

パラレルタスクが得意な人には、ある共通点があります。それは、**自分のタスクを「書き出して」管理している**ことです。

多くのタスクをパラレルにさばくことは、実はそこまで難しいものではありません。いってしまえば、タスクをすべて書き出し、その小さなタスクを一つひとつ漏れなく最後まで対応すればいいだけです。**仕事がデキる人たちはこうした基本的な動作をきちんとしていて、反対にデキない人たちはしていない、という差があるだけ**なのです。

▼すべてのタスクを管理する「一言メモ」

どれだけ優秀な人でも、何十にも及ぶタスクを頭の中だけで整理し、期日と優先度を調整しながら進めることは不可能です。そのために何かしら、**自分専用の「台帳」を使ってタスクを管理**しています。みなさんもさっそく、台帳をつくっていきましょう。

ただし、ここで注意すべきは、台帳は可能な限りシンプルにすることです。細かく書きすぎ、リストの確認や更新に多くの手間が取られてしまえば、やがて台帳自体の管理が不能となってしまいます。そうならないためには、**シンプルにメモ帳を使って「一言メモ」でタスクを管理していくことが最も効率的**です。

参考に、私のある日のメモは以下のようなものでした。

【メモ（実際はＰＣあるいはスマホにテキスト入力）】

- 移行リハーサル3環境構築の段取り
- 8月WBSの作成
- チームメンバー役割整理
- 変更のフロー確認
- 権限課題の分析★
- チケット期日の見直し
- Aさんフォロー　（以下略）

みなさんには、何の案件かも、具体的なアクションが何かも読み取れないと思います。しかしこのメモは誰かに見せるものではないので、それでOKです。自分だけがわかる表現で書いて構いません。あえて詳しく書かず、自分が解釈できる最低限のワードで済ませることを意識するといいですね。

さらに、このメモの「★」は、全タスクの中でも特に重要なものです。このメモにある「権限課題の分析」は、チームリーダーを務めていた私に対して、プロジェクトリーダーが直々に指示したものでした。立場上、絶対に外してはいけない重要なミッションということです。そのため、意識的に優先して取り組むために、メモにも「★」

をつけることにしたのです。このように、

●自分が見れば何のことかわかる

●パッと見て力を入れるポイントがわかる

という2点に留意しながら、可能な限りシンプルにつくりましょう。

こうしたタスク管理用のメモをつくれたら、パラレルにタスクをさばく土台が整ったといえます。全体のタスクをざっと見て、**優先度の高いものから順に進めていきましょう。**優先度に従って項目自体を並べ替えてしまうのも手ですね。

▼メモに「ステータス」はいらない

なお、このメモでやってはいけないことがあります。それは、タスクの「ステータス」を記入することです。タスクが進捗すると、つい、

「●8月WBSの作成↓1週間分完了」

「●チームメンバー役割整理↓完了」

などとそのときの状況を書きたくなってしまいますが、ステータスを書くとタスク全体の把握がしづらくなります。メモに書かれている文字は少ないほどいいのです。


完全に終了したものについては、リストから「削除」するのがおすすめです。**仕事をどんどん進めて成果を出したいときには、過去は振り返らないこと。**「自分が何をやったのか」を可視化して達成感を得たいという気持ちはわかりますが、それは別の機会でやりましょう。タスクメモには未来のタスクだけを書くことで、シンプルに管理しやすくなります。

▼タスク全体を常に俯瞰し、ひらめきはいつでもメモ

複数のタスクを同時並行で手がけていると、無関係だと思っていたタスク同士がつながって新たなアイディアが生まれることがあります。「タスクAで決めた方針がタス

クBにも使えそうなので、タスクAの完了を少し待とう」というような場合です。このように気づきを得られたら、「すぐにメモする」クセをつけておくと仕事が捗ります。

このひらめきこそが、パラレルタスクの隠れたメリットの1つです。そのタスクに専念しているときよりも、リラックスしているとき、例えば通勤中や人との待ち合わせ中、あるいは別のタスクの最中にひらめくことも意外と多くあります。

タスクをパラレルでこなしていると、**常に全体を俯瞰して見ることが求められるため、ひらめきが起こりやすい状態がつくられている**のです。

ただし、ひらめきは、覚えておこうと思ってもすぐに忘れてしまうものです。1時間も別の物事に集中すれば、ひらめいたことすら思い出せないかもしれません。だからこそ、**ひらめいた瞬間、すぐその場でメモをする**のです。パソコン作業中ならばメモ帳がおすすめです。外出中ならスマホのメモ帳がいいですね。

なお、エクセルなどにリスト化しようとするのはやめたほうがいいでしょう。一瞬のひらめきは、エクセル起動時の数秒のタイムラグの間にも消えてしまいかねません。

▼パラレルタスク❸

「話しながら考えて結論を導き、理解させて合意する」技術

▼「聞くだけ」「話すだけ」では思考も仕事も進まない

相手との会話の中で「**聞くこと**」**に集中しすぎ**、急にコメントを求められたときに何も言えなかった、という経験はないでしょうか？　あるいは、頑張ってプレゼンをしたけれども、「**話すこと**」**に精いっぱいになり**、その先のディスカッションに参加できなかったという経験のある方も多いのではないでしょうか？

「聞く」と「話す」は、それだけに集中しすぎてしまうと、視野を狭め、思考を止めてしまうものです。多くの仕事が相手との会話を経て合意を得て進んでいくものであ

る以上、このような停滞は避けたいものですね。

優秀な人は、傾聴しつつも自分の意見も明確に伝えるというキャッチボールを実践しています。その中でベストな落としどころを見つけ、みんなが納得のいく結論を導いているのです。

つまり、**「聞く」「話す」「考える」「理解させる」という4つを同時に行うことが、仕事をスムーズに行うためには必要です。**

▼なぜ「議論して物事を進める」ことは難しいのか？

ところが、一般的な日本の学校教育を受けている方の多くは、この4つの同時進行が身についていません。授業は基本的に先生が一方的に説明する形式のため、生徒は「聞く」が中心です。昨今は調べて発表するなどのスタイルも増えてきているとはいえ、こちらは「話す」が中心です。

相手とディスカッション形式で「対話」したり「説得」したり「理解させ」たりという訓練は、ほとんど行われていないわけです。

それなのに、社会人になって急に「議論して物事を進めていけ」と言われても、できなくて当然なのではないでしょうか？

そこでここでは、最初のステップとして**「聞く」「話す」「考える」「理解させる」のうち、「同時に2つ」ができることから目指してみましょう。**

①「聞きながら×考える」

まずは「聞く」と「考える」の組み合わせからトライしてみましょう。「考える」はすべての土台であり、他のアクションとの相性もよいものです。話を聞いている最中に、「自分だったらどうするか」を同時並行で考えてみてください。

例えば、「映画館の売上を増やすためにどのような施策が考えられるか？」というテーマで議論しているとして、相手が「座席数を増やせばよい」と発言したとします。続けて相手はそう考える理由を説明し始めると思いますが、この時間を有効活用しましょう。相手の発言を「聞く」ことに専念するのではなく、**話を半分くらい聞きながら「自分はどう思うのか？」を考えるのです。**

相手の話を聞きながら自分の意見をまとめられれば、「聞きながら×考える」ができたことになります。

②「話しながら×考える」

自分の意見がまとまったら、次はあなたがその意見を伝える番です。あなたは、相手の話を聞きながら、映画館の売上を増やすためには「商業施設をグレードアップして単価を上げる」という施策がいいと考えたとしましょう。その自分の考えを、まだ具体的なところまでまとまっていなくていいので、話し始めるのです。

ポイントは、**「話しながら、理由や例などを考えて補足していくこと」**です。

「商業施設のグレードアップ」から連想して、「人気のアニメとコラボする」「3D体感型の座席を用意する」「カフェを併設する」などの案を出していき、論理を補強していきます。後付けでも構いません。「商業施設のグレードアップ」という軸がハッキリしていれば、いくらでも話を発展させていくことができるはずです。

③「聞きながら×結論を出す」

これで、相手と自分の意見が出揃いましたが、意見が出たままで会話を終わらせることはできません。次はどちらを落としどころにするかを決めていきましょう。

まずは、相手にどちらの案がいいと思うか、その理由も含めて聞いてみましょう。このときも、**相手の話を聞きながら、「自分なりの結論と理由を考える」**のです。相手の意見を聞く時間をつくって、自分が考える時間を稼ぎます。

頭の回転が速いといわれる人の多くは、無意識にこのテクニックを使っています。相手の話を聞きながらも、それに集中しすぎるのではなく、「自分も考える」ということを行っているため、速く案を出せるのです。その意味では、思考のコツを知っているかどうかが、頭の回転の速さとして評価されているだけといえるでしょう。

④「話しながら×理解させる」

さて、③であなたは、相手の話を聞きながら、「座席を増やすことは大規模工事を伴うためコスト増でリスクが大きいので、人気アニメとコラボする自分の案のほうがリーズナブルではないか」と考えることができたとします。

最後は自分なりの結論を相手に納得させるステップです。相手の意見を否定しないように配慮しながら、自分の案が魅力的であることを説いていきます。

大事なことは**「相手の反応」の観察**です。あなたが話をしているときに、相手はどんな相づちを打っているか、どんな表情をしているかに神経を注いで観察し、相手が疑問に思っているであろうことを1つずつ解消していきます。

理解が及んでいないようであれば、かみ砕いて丁寧に説明します。納得していないのであれば、そのポイントを聞き出して重点的に説いていくべきです。**「話す」と同時に、相手の反応を見て適切な説明をすることで「理解させる」ことができる**ようになるはずです。

普段の会話の中で、意識的に「聞く」「話す」「考える」「理解させる」の中から2つを組み合わせていくと、仕事のスピードをかなり上げることができるでしょう。

▼日常会話では誰もができている「言葉の推測」に注目しよう

ここまで、「聞く」「話す」「考える」「理解させる」の組み合わせの技術をお伝えしましたが、実は多くの人が2つどころか3つ以上を同時に行って会話をしているシチュエーションがあります。それは、「何気ない会話」です。

友人との何気ない会話のことをイメージしてみてください。話が盛り上がってくると、どんどん言葉が湧き出てきて、間髪入れずにキャッチボールをしている瞬間があるはずです。相手が話し終わらないうちから言葉が出てしまうことさえあるでしょう。日常会話では、「相手の話を聞いて→それを理解して→何を言おうかを考えて→ようやく話を始める」というステップを1つずつ踏んでいかなくても、感覚だけで瞬間的にできてしまうのです。

このときに、脳ではどのようなことが起きているのでしょうか？

間違いなく**無意識にあなたは「相手の言葉の先を読んで」います。**

「今日、雨だったからツルツルの床で……」と話が始まったら、「きっと滑ったんだな」と無意識に推測しながら相手の話を聞いています。

このように、相手の話を聞きながら予測できる能力は多くの人に備わっているのですが、いざ仕事となると、成果が出ない人は深く考えすぎて、かえってこの能力を働かなくさせてしまっています。そのために、「今日、雨だったからツルツルの床で……」と聞いて「きっとコンビニ弁当が売り切れていたんだな」というようなぶっ飛んだ発想になってしまうのです。もしかしたら、このケースであれば、「滑ってコケて足を挫《くじ》いたから、昼休みに歩くのに時間がかかって、たどり着いたときにはコンビニ弁当が売り切れていた」と考えられなくもないですが、外す可能性のほうが圧倒的に高いですよね。

仕事だからといって、肩肘を張って難しく考えることはありません。日常会話と同じレベルで、ごく自然に**相手が言いたいことを一歩だけ先読みする**ことができれば、次に何を話すべきかの作戦を立てやすくなります。会話の着地点である「合意」にも、早くたどり着けるようになるでしょう。

▼パラレルタスク❹

スピードと成果を両立させる〝爆速メール管理術〟

▼メールの返信速度と信頼は相関している

メールは日常業務で必須のコミュニケーションツールです。相手がすぐに捕まらないときでも時間差で連携することができますし、お願いしたいことや合意したことを文章として残すことができるので認識のズレをなくすことができます。

しかし、**多くの人はこのメールの対応に忙殺されがち**です。さばいてもさばいてもメールは次から次へと飛んできて、少し目を離すとどんどんたまっていきます。

どこまで読んだのか、どこまで対処したのかわからなくなってしまい、そのうち返信を忘れて放置してしまう……。こんなことが常態化していないでしょうか。**メールの無返信は、会話における無視と同じです。**周りの人たちからの信頼を大きく下げてしまうことになるのです。

▼メールを制すると「0・5日／週」を短縮できる

みなさんは、1日にどれくらいの時間をメールに費やしているでしょうか？

仮に50通くらい受信し、5通返信、新規メールを5通作成しているとすると、確認するだけのものが1分／件として50分、返信するものが5分／件として25分、新規作成が10分／件として50分で、なんと125分にもなってしまいます。つまり、**1日につき2時間程度をメールに費やしているのです。**1週間に換算すれば、まる1日以上はメールをしていることになりますね。

メールのやり取りがメインタスク、という方でなければ、これは明らかに時間の無駄と言わざるを得ません。

実際、デキるITコンサルは多くのメールのやり取りをしながらも、**メールにかける時間は1日1時間程度に抑えている人が多い**ものです。1週間に換算しても半日程度です。先ほどの例と比べて2倍のスピードでさばくメールのコツを紹介していきます。

▼ITコンサル流メール管理術は至ってシンプル

ネットや書籍では様々なメール管理テクニックが紹介されています。「テーマごとにフォルダを分けて仕分けルールを設定する」「色やフラグをつける」「既読や未読を利用する」といった方法もよく耳にしますが、ここでご紹介するのはもっとシンプルな方法です。

①フォルダを1つだけつくる
②対応が不要なメールをそのフォルダに移動する
③受信ボックスに残ったメールをさばく

この3つのステップですべてのメールをハイスピードでさばき、たしかな成果を出すことができます。具体的な手順を解説していきます。

【爆速メール管理術①】フォルダを1つだけつくる

まずは、「対応済」という名前のフォルダを1つだけつくりましょう。文字通り、対応が完全に終わったメールを入れておく箱です。

みなさんもおそらく過去のメールを読み返すことは、ほとんどないかと思います。仮に必要になったら、そのときに検索をかければいいのです。そのため、**案件やチームでのフォルダ分けは一切不要です。**

【爆速メール管理術②】対応が不要なメールはそのフォルダに移動する

日中どんどん受信ボックスにメールが届くことになりますが、中身を見て、「対応が必要か」をさっと判断します。全社員向けのアナウンスやメーリングリスト宛てなど、自分に関係のないメールは対応が不要ですよね。その場で「対応済」フォルダに移動しましょう。

なお、**対応が不要なメールに関しては、メール1通あたり2秒くらいでさばけるとよい**ですね。短いメールで「誰向けのメールか」「トピックは何か」を把握し、最重要ワードをピックアップするだけなら、2秒もあれば十分です。

一方、長文メールを読む場合は、フォトリーディングという技法を使うと効果的です。文章を1つずつ順番に読んでいくことはせず、全体を視界に入れて写真のように見ていきます。左上から右下に向かって視線を動かしていき、自分に関係するワードの有無を眺めて確認しましょう。

私自身は1日に200通ほどの「読むだけ」メールが届きますが、この方法で5分もかけずにさばくことができています。

ちなみに、対応が必要なメールは2種類に分類することができます。「すぐに返信できるもの」と「返信に時間がかかるもの」です。

すぐに返信できるものは、メールを読んだそのときすぐに対応しましょう。「ありがとう」と伝えればよいもの、「YES」か「NO」で即答できるもの、資料を提供するだけのもの、会議設定の依頼の対応といったものが挙げられます。
こうした対応を後でやろうとすると、もう一度メールを読まねばならず効率が下がってしまいます。すぐに対応して、すぐに対応済フォルダに移動しましょう。

【爆速メール管理術③】受信ボックスに残ったメールをさばく

最後に受信ボックスに残ったのは、「返信に時間がかかるもの」だけです。それらの重たい作業には優先度を決めて、じっくり取り組んでいきましょう。対応案を考えるもの、資料をつくる必要のあるもの、うかつに返信できない顧客からの質問などがあります。

メールにおいては、**受信ボックスに残ったものの対応こそが、自分がやらなければならないこと**です。タスクリストとして扱ってもいいでしょう。
目標は、**1日の終わりには受信ボックスをカラの状態にすること**です。受信したメールをすべて読み、かつ、打ち返したということですので、すがすがしい気持ちで業務を終えることができるかと思います。

▼メールはこまめに見たほうがいい

ところで、私は「1日に何度も、こまめにメールを確認する派」です。さらに、こまめにメールを見て、受信したら即レスする習慣を、多くの人に評価いただいていると自負しています。

例えば、上司や顧客が緊急で困っている場合、それがたとえ簡単な情報提供であっても、同僚よりも一歩早く反応して対処できれば感謝されて評価されることになります。

あるいは、自分のメインタスクの前提が大きく変わってしまった場合も、その情報をいちはやくキャッチして対応できれば成果につなげやすくなります。A案かB案かを検討している顧客のために追加資料をつくっていたとして、その間に顧客のなかで結論が出る、ということも珍しくありません。メールのチェックによってそうした情報を鮮度が高いうちに得ることができれば、手戻りを防ぎ、時間を有効に使うことができます。

みなさんも、移動中でも会議中でも隙があればメールを見てどんどんさばいてみてはいかがでしょうか。

会議中、あなたにまったく関係のない話題で盛り上がっているときは、特にチャンスです。軽く耳を傾けつつもメールを少しでもさばくことで、仕事時間の短縮と新たな成果につなげることができるでしょう。

▼パラレルタスク❺

その日1日の成果を確実に出す〝絶対的計画〟の立て方

▼中身を具体化できていなければ計画とは呼べない

若手に、「計画を立てる」ようにお願いすると、次のように返ってくることがあります。

「最初の2週間で資料をつくり、次の1週間でレビューして、次の1週間で修正します。この計画でいかがでしょうか？」

残念ですが、これではまったく計画になっていません。そこでもう少し具体化するように伝えると、今度は、

「最初の2週間の資料作成では、目的・スコープ・コスト・スケジュール・体制・リ

スクに分けて各項目を1日ずつ作成していきます。……」

と始まります。だいぶよくなりましたが、それでもまだ計画からはほど遠い状態です。肝心の中身については触れられていないため、作業をし始めたら全然進まない、という展開になることが容易に想像できるからです。

計画を立てるということは、**取り組むべき中身を具体化して、それをいつやるかを組み立てる**ということです。

もしあなたが「プロジェクトの費用を見積もる」というタスクを与えられた場合は、情報を入手して、計算式を検討して、結果を資料化します、という計画の立て方では不十分です。

「今の状況から類推される件数のめどを算出し、単価をかけ合わせればある程度概算を出せるはずだから、そのロジックを精緻化して資料に落とし込もう」

というアプローチのレベルまで落とし込まないと、計画とはいわないのです。ここまで落とし込んで初めて、1日1日の作業が確実に前に進んでいくはずです。

ひとたび遅延すると必要になる追加作業とは?

遅延理由の説明	根本原因の追究
リカバリ策の検討	再発防止策の検討
スケジュールの再検討	リカバリ完了までの定期報告
後続タスク影響の確認	上層部への報告（複数回）
後続タスクの圧縮/前倒しの検討	謝罪の言葉の準備

など

×：計画を立ててから、具体的な中身を詰める
○：具体的な中身を詰めてから、計画を立てる

▼何が起きても遅延だけは阻止せよ

中身が詰まった計画を立てることができたら、次は**いかに「遅延」を起こさない仕掛けをつくるか**に注力しましょう。

一度コミットしたスケジュールというものは、**少しでも何か遅れが出ると、膨大な追加作業が発生します。**

ひとたび遅延を報告すると、「なぜ遅れたのか？」「どうリカバリするつもりなのか？」「完了予定はいつか？」「他のタスクへの影響は調整できているのか？」「次起きないためにどうするのか？」といった質問攻めに対応するだけでも一苦労です。遅延がゼロの場合と比べて、作業が2～3倍に膨れ上がることになります。

また、あなたのタスクの遅延は他のタスクへの遅延にも広がっていきます。上司や他のメンバー、そしてチーム全体に波及して、全体のリカバリが難しい状態に追い込まれてしまうのです。

1つの遅れ（火）がすぐ全体に燃え移り、鎮火が難しくなることから、こうした遅延をＩＴ業界では「炎上」と呼んでいます。炎上しないためにも、**遅延を防ぐあらゆる手立てを計画に盛り込んでいきましょう。**

▼遅延を防ぐためのちょっとズルい3つのテクニック

ＩＴコンサルのよくある仕事のひとつは、ＰＭＯ（プロジェクト・マネジメント・オフィス）としてプロジェクトに従事し、進捗管理の支援をすることです。

この支援は、チームごとの進捗を確認して報告するという単純なものではありません。**「何があっても期日通りに確実にやりきらせる」**ことがミッションです。

しかし、現場の人たちがどんなに必死に取り組んでもうまくいかないということは日常です。そうした場合、現場からは、

「想定外のことが起きたのだから、期日に間に合わないのは仕方ない」

と言われますが、結果的に遅延して責められるのはITコンサルです。

「リスクを事前に考えきれていなかったんじゃないか？」

「管理方法が甘かったんじゃないか？」

と上層部からは厳しい言葉を投げかけられることになります。結果がすべてですから仕方のないことなのですが、それでもやっぱり、責められるのはツラいものです。そのため、多くのITコンサルは、経験を重ねるほどに遅延させない知恵を身につけていくことになります。

そこでここでは、私たちが現場でよく使っている、ちょっとズルい実用的なテクニック3つを紹介したいと思います。

【遅延防止テクニック①】タスクごとに必ず小さな「隠れバッファ」を組み込む

遅延防止の基本は、タスクごとにバッファを見積もることです。

想定通りに物事が進むことはまずありません。ちょっと追加で調査することが出てきたり、顧客の指摘が思ったよりも多くて修正にてこずるかもしれません。そうした場合に自分の身を守るためにも、周囲の人に感づかれないような「隠れた」バッファをつくっておきましょう。

隠れバッファの目安は、**タスクごとの10~20％くらいの上乗せ**です。1日で終わるタスクであれば1・2日、1週間で終わるタスクであれば1・2週間（6日）くらいが理想です。

バッファは必須のものではありますが、正直に「この日数はバッファです」と伝えてしまえば、

「バッファをとるということは、リスクがあるんですよね。どんなリスクがあるんですか？　説明してください」

「先にリスクヘッジしてから臨んでください」

などと、ややこしいことを言われかねないので、バッファはこっそり組み込んでおきましょう。

また、バッファは必須とはいえ、1日で十分終わりそうなタスクに2日かかると伝えれば、相手から「もっと速く進めろ」と言われかねないので、バッファの盛りすぎにも気をつけましょう。

【遅延防止テクニック②】「架空のデッドライン」で管理する

次のポイントは、誰かにタスクをお願いするときには真のスケジュールではなく、より前倒しにした架空のスケジュールで管理するという点です。

上司から「1カ月で」と言われたとしましょう。これを現場にそのまま「1カ月でやりきってください」と伝えると、多くは「ギリギリで終わるようなスケジュール」が組まれてしまうものです。結果として少しでも想定外の事態が起こると即座に遅延となり、納期を守れなくなります。これでは、進捗管理は「失敗」です。

そこで、この場合は「架空のスケジュール」を活用しましょう。**本当のデッドライ**

ンは現場には示さず、例えば1週間のバッファを差し引いた3週間で依頼をするのです。その分、現場は苦しいかもしれませんが、多少のトラブルが起こっても全体の遅延を防ぐことができます。

重要なことは、現場には本当の納期を絶対に言わないことです。もし誰かから伝わってしまったとしても、「報告の準備や最終チェックのために、私にも時間が必要なのだから」などと理由をひねり出してでも、デッドラインが架空であることを隠し通しましょう。

【遅延防止テクニック③】インパクトの小さい遅延は「裏タスク」で対処

遅延を発生させないために様々な工夫を凝らしても、それでも遅延は必ず発生します。それをばか正直にすべて報告していては、あなたの身が持ちません。

そこで、後続のタスクに影響がなく、目的に対するインパクトの小さいタスクであれば、**「終わったことにする」というのも1つの手**です。

例えば、システム導入の作業中に、ある課題の解決策が判明し、10の環境にその設定を反映することが決まったとします。しかし想像以上に手間がかかり、3環境は期限内に終わらせることができませんでした。とはいえ、その3環境の利用は1カ月以上先です。このような状況であれば、「課題対応は終わりました」と報告しておき、残り3環境への対応は裏で継続するのです。

仮に正直に「期限内に全部は終わりませんでした」と報告した場合、何が起こるかを考えてみてください。マネジメント層は具体的な中身を把握してはいないため、「本当に影響がないかを説明してほしい」「万が一のことがあると心配だから土日を使ってでも対応ほしい」などと言われることになるでしょう。現場目線では明らかに「遅延しても問題がない」といえるのに、検討や報告が追加されてしまうのです。この追加に手を焼いた結果、別の深刻な遅延を引き起こしてしまえば本末転倒です。

仕事がデキる人はこの**「遅延をばか正直に報告することによる無駄」**をよくわかっ

ているので、先ほどのように「遅れを公言せずにあえて戦略的に隠して進める」場合も珍しくありません。ただし、この方法は、同時に**大きなリスクを背負う**ということは忘れないでください。

隠していたことがバレたら、上司からも顧客からも信頼を失うことになります。そのため、この方法を使う場合には、

「後回しにしても影響がないことを、確実に見極められているか」

「もしバレたときには自分が責任をとる覚悟があるか」

という2つを必ず検討してください。少しでも引っかかったならば、別の対応策をとることを強くおすすめします。

▼パラレルタスク❻

混線した頭の回路の〃解きほぐし方〃

▼難しいことを難しく考えると成果は出ない

1つの物事に長時間取り組んでいたら、だんだん混乱してきたという経験はないでしょうか？　シンプルな話のはずなのに、考えすぎてしまって、

「もしこうなったらどうしよう？」

と不安になり、迷走してしまうというパターンです。

例えば、顧客から、

「製品Aを明日までに納品してほしい」

と言われたとします。そこで社内確認をしたところ製品Aは明日には間に合わない

ことが判明しました。となれば、あなたは色々考えることになるでしょう。

「お客さんに待ってもらうようにお願いするか……いや、類似の製品Bならどうだろう……製品Bなら明日に間に合うかな……そもそも製品Bでお客さんは納得するかな……あえて別角度から、全然違う製品Cを提案してみようかな……」

と考え始めるとキリがありませんね。こうして、「どうしよう、どうしよう」と右往左往して時間が過ぎると、上司から最後に、

「なんでもっと早く相談してくれなかったの？」

と怒られることになります。

今回のケースでは、顧客は単純に、「明日までに製品Aがほしい」と言っているだけです。ならば、明日に間に合わないときにすべきは「いつなら納品できるのか」を確認して伝えるだけです。それでうまくいかなければ、次のステップとして製品Bを検討すればいいわけです。

話がこんがらがってしまう人は、「たられば」を考えすぎる傾向にあります。

「製品Aがダメだったら製品Bを考えなきゃ」

「製品Bもダメだったら製品Cも考えなきゃ」

と、現実の物事は何も動いていないのに、頭の中で考え続けてもキリがありません。

もっと単純に考えていいのです。**一番確度が高いことにまずはトライして前に進めていけば、結果は必ず出ます。**


「こうなったらどうしよう？」という思考になってしまったら、幽体離脱した感覚で頭上から自分自身を見つめる感覚を持ってみてください。客観的な視点を取り戻し、「あれ？　なんでこんなに難しく考えていたんだろう？」と冷静になれるはずです。

▼「要するに」を使ってシンプル化のクセをつけよう

思考が混線しやすい人は、数多くのタスクを同時に進めることが苦手なものです。先ほどの例のように「たられば」を考えすぎて自らタスクを増やしてしまい、その膨れ上がったタスクを管理できなくなるからです。

もし、考えすぎて頭がごちゃごちゃになってしまう自覚があるのであれば、**「要するに」を口グセにしてみてはいかがでしょうか。**

誰かが5分話したら、それを「要するに」を使って5秒でまとめます。相づちの要領で相手の話に、

「要するに、現場ユーザの理解を得ることが大事ということですよね？」

と差し込んでいくと、どの話がメインで、どの話が補足なのかを整理することができます。要点を捉えることができるようになる、いい訓練になるでしょう。

1時間の会議があったならば、その内容を誰かにフィードバックするイメージでまとめてみる、というのもよいと思います。

以前に務めていた会社では毎年1回、全社ミーティングが開催されていました。豪華なホテルの大宴会場で2000人を超える人たちが一堂に会し、壮大な映像や音響でパフォーマンスが繰り広げられます。イベントとしてのインパクトは大きいのですが、いざ本編が始まると、実に5時間にわたっていろいろな人が話すのを聞くことに

なります。正直、漫然と聞いていると右から左に聞き流すだけになってしまって、何も印象に残らないということにもなりがちです。

そこで私は、このイベント中に「会社は社員にどんなメッセージを伝えたいのかをシンプルにまとめる」というトレーニングをすることにしました。5時間にわたる話をサマリするのは難しかったですが、当時はデジタル変革がトレンドになっていたこともあり、「要するに、既存の仕事に捉われず新たなチャレンジをしよう」ということを伝えたいのだという結論に至りました。

余談ですが後日、上司から、

「全社ミーティングはどうだった？」

と聞かれたときにこの結論を伝えたところ、とても喜ばれたことを覚えています。

長い話でもシンプルに考えてサマリできる力がつけば、物事の本質を短時間でつかめるようになります。 どんな会議でも実践できるものなので、みなさんもぜひ今日からトライしてみてください。

▼優秀な人ほどシンプルな表現にこだわる

初対面のビジネスパーソンと会ったとき、実際に一緒に仕事をしなくても、その人が仕事がデキる人かどうかは比較的すぐにわかります。

仕事がデキる人は共通して、「話がわかりやすい」からです。

デキる人は物事をシンプルに考え、シンプルな言葉を使って話してくれます。小学生にもわかるような簡単な言葉で、誰もが理解できるように話すことを意識しているのです。

反対に、

「おそらく○○であろうと考えられるので、多分○○という方向で検討を進めていくのが、比較的よいのではないかと思われるかと思います」

などと話す人には、この人はデキるなとは思わないものです。なんだか冗長でわかりにくいですよね。

自信がないと「多分」や「おそらく」という表現をしがちで、曖昧で婉曲《えんきょく》的になります。しかしそうすることで相手からはますますわかりにくくなってしまうのです。

この場合は、

「〇〇で進めますね」

と誰でもわかる一言で十分です。

また、「〇〇はできなくはない」「〇〇は問題と言えなくもない」などの二重否定も避けましょう。「〇〇ができます」「〇〇は問題だ」と伝えたほうがよいです。

否定の否定は、結局は肯定です。否定の否定（二重否定）を使って、強い肯定を表現し深い趣を出そうとするのは古典の世界だけです。**ビジネスの世界では〝シンプルイズベスト〟**で臨みましょう。

▼ロジックの組み上げは、短期決戦で

どれだけシンプル化を心がけていても、ときに複雑な物事に対処しなければならないこともあります。膨大な情報を解きほぐして整理をするとき、優秀な人が意識して

いるのは**「時間をかけて考えすぎない」**ということです。

頭の中で考えられるボリュームは限られています。どれだけ優秀な人でも、何十もの物事を、関連づけながら同時に考えることはできません。

また脳の一時記憶領域は小さいので、時間がたてば記憶が薄れてしまいます。長い期間考えると思考がループしてしまうのは、ここに原因があるのです。

要するに、**ロジックを組み上げるなら「短期決戦」**ということです。

「情報を厳選し、シンプルに考えてシンプルに結論を出す」というサイクルを回せる人ほど結果を出すことができます。難しいことを考えるときほど、むしろ短時間で仕留めるように心がけましょう。

6章

仕事の超難問を速攻で解決する〝ITコンサル的思考法〟

真の課題を暴いて、取り組みの価値を高めよう

▼他の人には難しいことができるからこそ、価値になる

仕事で求められていることとは、「誰もができること」ではありません。「難しい」とみんなが言っているタスクをさばくことができて初めて、その対価として高い報酬が支払われます。「難しいタスク」というからには、パターンが無数にあり、様々な事情が絡み合っていることも多いものです。しかしそれでも、経験を重ね、コツを体得すれば、そうした「難しいタスク」の克服も不可能ではなくなります。

私自身、これまで「これは超難問だ」というタスクにも数多くぶつかってきました。その都度、必死になって、思い通りに進捗しなくても諦めることなく一つひとつ取り

組んできました。この経験のおかげか、今では与えられたタスクについて、「これは大変だなぁ」と思うことはあっても、**「これは不可能だ」と思うことはありません。**

本章では、私がこうした考えを持つようになるまでに身につけてきた、超難問を乗り越える思考法について、お話ししていきます。

▼仕事に愚直さはいらない

私は新人の頃から、耳が痛くなるくらい**「お客さんの真の課題を解決することがコンサルの価値だ」**と聞かされてきました。この言葉は、「顧客が課題だと言っている表層的な問題に終始せず、まだ課題として認識されていないことを見抜いた上で解決せよ」という意味です。

例えば顧客から「DX（ITを活用した業務の変革）がうまく進まないので、最新の技術を調査してほしい」とお願いされても、実はIT部門と業務部門の仲が悪いことが問題であり、それを先に解消すべきだったということもあります。

顧客が意識している課題が真の課題ではない以上、そこにどんなに注力しても、結果を出すことはできません。

この考え方は、ＩＴコンサルだけのものではないと、私は考えています。例えば上司から難しいタスクを指示されたとき、そのタスクに愚直に取り組むことが最善と決めつけてはいけません。タスク自体が「真の課題」と一致しているのかという視点は不可欠です。与えられたタスクに対して何らかの違和感を持ったのなら、多くの場合は、**「真の課題」とタスクにズレがある**と疑ってみてください。

本当はやる必要のないものだったり、タスクの目的を読み違えていたり、考え方が間違っていて求められていないことに終始してしまっていたりするかもしれません。

ビジネスパーソンの使命は、言われたことを愚直にやることではなく、根本にある課題に答えを出すことです。このままではよくないと思ったら、上司と意見がぶつかってでも、説得して認識を変えてもらわなければなりません。**議論を重ねて真の課題に答えを出すことができたときに初めて成果を出せて、本当の意味での信頼を勝ち取ることができる**のです。

▼ITコンサル的思考法❶

デキるITコンサルがどんな問題でも必ず「答え」を導ける理由

▼仕事はただ、「理屈を求められている」にすぎない

「**確実に**、1年で1億円のコスト削減する案を出してください」
「**絶対に**、次から障害を再発させない対策を提示してください」
仕事をしていると、このような課題を与えられることがあります。しかし、中には
どれだけ考えてもまったく答えが見つからない課題もあるのではないでしょうか？
特に、このように「確実に」「絶対に」と強調されて言われると、「完璧な答えを出さ
なければ」と思い、なおさらどうしたらいいかがわからなくなってしまうと思います。

ＩＴコンサルも、こうした課題を与えられることがよくあります。こうした課題に対しては、私は次のように頭の中で変換しています。

「**確実に**、1年で1億円のコスト削減する案を出してください」

⬇「確実に」とは言われているけど、机上で1億円を削減できる案を出せばＯＫ。施策をいくつか出してみて、定量情報を使ってロジックを決めて、過去事例で論理補強しておけばいいだけだから簡単♪

「**絶対に**、次から障害を再発させない対策を提示してください」

⬇「絶対に」とは言われているけど、オペミスは絶対になくならないものだから割り切るしかないな。手順の修正も完了したし、緊急時のプロセスを組み立てて何かあっても1時間で復旧する手立てまで整理できたのでこれで十分♪

いかがでしょうか？　このときに心がけているのは、**いかにみんなが納得できる案を出せるか**です。そもそも仕事には絶対の正解がない以上、「確実に」も「絶対に」も約束できるものではありません。依頼する側も、完璧な答えがあると思っているわけでもないのです。そのため、納得できるだけの理屈があれば、「そうだね、それが答えだよね」となって一件落着です。

正攻法も大切ですが、すべてに対して真っ正面から取り組むのではなく、「どんな応対ならみんなが納得してくれるか」という視点に切り替えて動くことで、答えを出しやすくなることは多くあります。

ITコンサルに関していえば、デキる人ほど、このような答えを導き出すためのゲームチェンジがうまいといっても過言ではありません。

▼「無茶《むちゃ》な課題」に答えを出す方法

以前、私がシステムの開発チームのリーダーを担っていたときのことです。次から次へと開発の要件が挙がってきて、当初の見積もりを大幅に超えてしまっている状況でした。

そんな中で、プロマネ（プロジェクトマネージャ）から言われたのが、

「追加予算を申請できるのはこれがラストチャンスだから、今後の開発費用をすべて精緻に見積もってほしい」

でした。しかし、現状はユーザから絶えず要望が出てきている状態です。今後の見込みを推測することはできません。かといって、

「推測が難しすぎるので、金額を出すことは無理です」

とは言えませんよね。このような状況のとき、あなたならどうしますか？


私は次のような順番で考えていくことにしました。

①　アタリをつける
②　既存の定量数字を活用する
③　答えを仮決めする
④　答えからロジックを逆算で導き出す
⑤　キーマンをおさえる
⑥　防衛線を張る

⑦万が一の場合は、問いを差し替える
順番に見ていきましょう。

【確実に答えを出すアプローチ①】アタリをつける

まずは答えのアタリをつけることから始めます。どのくらいが妥当かを、感覚値で出してみるのです。このときは**少しレンジを持たせても大丈夫**です。

「おおざっぱに2000万～5000万円くらいでしょうかね」

という感じです。誰からも理解の得られない、現実離れしすぎた答えにならないように注意しましょう。


【確実に答えを出すアプローチ②】既存の定量数字を活用する

次に、既存の定量数字を活用します。

例えば、その案件ではそれまでの1年に1・2億円かかったとしましょう。そして残り期間があと4カ月ならば、約30％なので3000万円かなと考えます。

他社事例も参考になります。同様の規模の他社の案件で、次のフェーズに2000

万円かかっていたのなら、今回もそのくらいが妥当となるでしょう。

　このように、参考になりそうな数字をどんどん集めていくのです。

　今回は金額を見積もるという例だったので自然と数字を出していくことになりましたが、具体案（方策）を求められた場合にも、**定量数字を使うと納得感を得られやすくなります。**

【確実に答えを出すアプローチ③】答えを仮決めする

　ここまで情報が集まったら、次は答えを仮決めしましょう。

　先ほどの定量数字から考えると２０００万～３０００万円が妥当のように見えますが、今回は要件がいまだに多いという、一般事例より難易度が高い状況にあります。

　しかも、予算確保のラストチャンスなので**少しバッファも見ておかなければなりません。**そうなると余裕を見て４０００万円くらいは必要か、と考えます。これが仮決めによる、いったんの「答え」になるわけです。

【確実に答えを出すアプローチ④】答えからロジックを逆算で導き出す

仮決めの答えが決まったので、次は逆算方式でロジックを組み立てていきます。「残り期間と他社事例から3000万円が必要」というロジックはすでにあるので、バッファとして見た残りの「1000万円」に根拠をつくるのです。

手始めに、業務チームからの要求とバグの想定発生件数を見積もってみましょう。これまでの傾向から、追加要望は10件、バグは20件などと見込むことにします。1件に対応するのに5人日（1人で行った場合5日かかる）で、開発要員の単価が150万円／月だとすると、

(10件＋20件)×(5人日／件)×150万円／月÷20日＝1125万円

おおむね金額が想定と合いましたね。

もし、計算結果が仮決めの答えより大幅に上回ってしまったのであれば、「すでにバグは十分に炙り出せているので今後は減るだろう」などの前提を置き、20件から減らすといいでしょう。

逆に計算結果が小さすぎた場合には、「業務ユーザが今回初めて利用するので、シナリオあたりに要求が出るはずだ。よって今後の要求はより増えるだろう」などと前提を置いて、要求を10件から増やします。

また、このときに置いた「前提」は、後のステップで利用していくことになりますので、しっかり明文化して残しておきましょう。**あくまで机上のロジックですので、答えに合わせてうまく調整をかけていくのです。**

このような調整をコンサル業界では「鉛筆なめなめ」と呼びます。実際にやってみるのではなく、あくまで紙に書いて鉛筆をなめて計算して見積もるときに使う言葉ですね。答えを机上で炙り出すときには有効な方法です。

【確実に答えを出すアプローチ⑤】キーマンをおさえる

これで数字根拠が出揃ったからと安心してはいけません。キーマンと握っておかないとすべてを覆されてしまうリスクがあります。**キーマンに早めにアプローチして期待にミートする確度を上げておきましょう。**

今回の依頼者はプロマネでしたが、さらに上の役員の指示でプロマネが動いていることは十分に考えられます。その場合、役員がどれくらいの金額を期待しているのかを見極めておかないと、どんな案でも却下されてしまいます。現実には、残りの予算は1000万円かもしれないし、あるいは1億円ほど余裕がある状態かもしれません。そのふところ具合をすりあわせておくのです。

なお、このすりあわせは難易度が高いもので、正規ルートで確認しようとしても時間がかかってしまうことが多くあります。その場合は、自社の役員から顧客の役員にアプローチしてもらうなど工夫して、少しでも情報を引き出せる可能性を上げましょう。

【確実に答えを出すアプローチ⑥】防衛線を張る

キーマンと握ることができれば勝ちは見えたも同然ですが、完全勝利をつかむために守りも固めておきましょう。あとであなたの責任問題にならないように、防衛線を張っておくのです。

今回のケースでは、「ユーザからの要求10件、バグ20件」を大きな「前提」として置きました。しかしこれはあくまで未来予想です。実際にやってみたら、ユーザの要求が１００件挙がって、バグが50件出るかもしれません。

こうした最悪のケースに備えて、**前提についても合意をとり、「了承いただいた旨」をメールなどの文書に残しておく**のです。この文書が、結果的にこの前提が外れてしまった場合に打ち返すためのエビデンスとなります。

【確実に答えを出すアプローチ⑦】万が一の場合は、問いを差し替える

このように練り上げても、最後にどんでん返しで「どうしても答えに納得がいかない」とか「追加予算が５００万円しかありません」などと言われることもザラにあります。こうした差し戻しを真に受けてしまうと、プロジェクトは破綻してしまいます。

そのような場合には、大真面目に再度見積もりをするのではなく、「ユーザからの要求やバグは10件をキャップにして、残りはシステム稼働後に対応する方針にしましょう。その10件を選ぶロジックは後で決めましょう」と**ゴールを変える動きに転じましょう。**うまく誘導して納得を得られれば、これも立派な「答え」なのです。

▼ITコンサル的思考法❷

ハイパフォーマーが絶対に行っている“逆算思考アプローチ”

▼ゴールから逆に考えると、すべてのタスクは一本道になる

あなたはタスクに取り組むとき、まず何から始めていますか？

もし「とりあえず調査」「とりあえずブレスト（ブレインストーミング）」から始めているならば、そのやり方は今すぐやめましょう。ゴールまでの道筋を決めずにやみくもに進めても、うまく前に進みません。手戻りになってまた最初からやり直しという事態にもなりがちです。

短時間で成果を出している人は共通して、**ゴールから遡って、やるべきことを決めています。**

最初にゴールを決めてからそのゴールの直前にやるべきタスクを決め、そのさらに直前のタスクが何かを決め……と、後ろから順番に考えています。そして、「ゴールから見て一番遠い作業＝最初に着手する作業」ということになるのです。

この考え方は、旅行のケースで考えるとよくわかります。

例えばあなたが東京に住んでいて、ニューヨークに行きたいときに、とりあえず少しでも距離が近くなりそうだからといって北海道に行こうとはしませんよね。ニューヨークに行くためには飛行機に乗ることになるので羽田空港に向かう必要があり、羽田空港に行くためには浜松町からモノレールに乗る必要があり、浜松町に向かうためには最寄り駅から電車に乗って……と考えていくはずです。

このように目的地から逆算してルートを考えていくと、最寄り駅に向かうという最初の一歩が決まります。

自宅から順番に考えるのではなく、目的地から逆順で考えていくから、目的地に着

旅行計画も作業も「ゴール」から考える

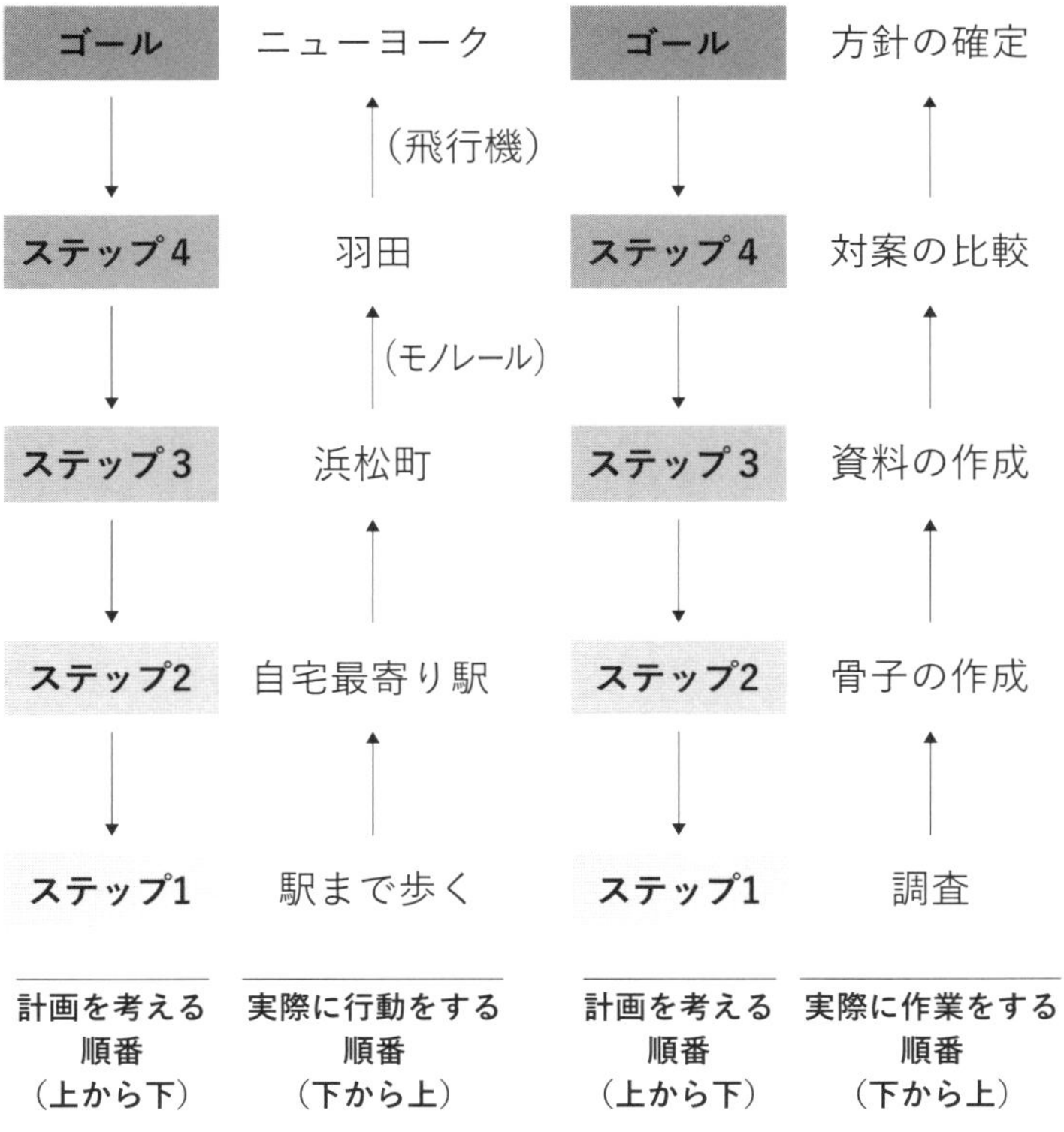

くことができるのです。

仕事も同じです。方針を決めるときに、**いきなり出発点（今）でできることから始めてはいけません。**

先にアウトプットのイメージを固めてから、資料をつくるなら何を書くべきかを掘り下げていき、最後にどんな情報が必要かを見極めて調査するという流れで進めると、手戻りがなくなります。

▼仕事における「逆算思考」の使い方

具体的なケースで考えてみましょう。

あなたは、顧客の基幹システムの製品検討の支援をすることになり、上司と話したところ、今回はＳＡＰの利用がベストだという結論になりました。

とはいえ、ただ「ＳＡＰにしましょう」と言ったところで説得力がありません。そこで説得のための資料をつくることになりましたが、ここでいきなりＳＡＰの情報をインターネットなどで収集するのは得策ではありません。漫然と調べてしまうと、不要なものも含め、膨大な情報が集まることになります。

まずは、顧客にＳＡＰを勧めるにあたっては、「ＳＡＰが他の製品と比べてどうなのか」という情報が必須になるでしょう。

さらに、他の製品との比較においても、すべての面で行うのではなく、顧客が重視している観点での比較でなければ意味がありません。

このように考えると、軸は「事例」「コスト」「標準機能のＦｉｔ率」の3つがよさそうです。この3軸で比較をして、ＳＡＰが優れていると伝えられれば、顧客は納得してくれるでしょう。

ここまで考えて、やっと何を調査すべきかが明らかになりましたよね。**ゴールから逆の順番でステップを組み立てることで、確実にゴールに向かって進むことができる一本道をつくることができる**のです。

【Before】製品AとBをフラットに評価したケース

軸	製品A	製品B
操作性	○ (問題なし)	○ (問題なし)
親和性	△ (独立型)	○ (他製品連携多数)
将来性	○ (AI機能拡張予定)	△ (機能拡張予定なし)

結論 どちらも同じという評価になるので決め手に欠ける

↓

検討の長期化

▼決めたい案にうまく誘導する方法

基本的に仕事においては1つの案だけを検討することはしません。いくつかの案を出して比較し、選んで決めることが多いはずです。

そのときに重要なのが、どの軸で比較をするかという点です。軸の決め方で最終結論がまったく変わってしまうほど、軸は重要です。

上の表は、「製品A」と「製品B」を比較したものです。「操作性」「親和性」「将来性」の3つの軸で調査したところ、どち

ら も○が2個で、△が1個となりました。

たとえこのような結果になったとしても、この表を顧客に見せてはいけません。というのも、「差が出ない」ということは、「どちらにするかを決められない」ということだからです。

結果として検討が長期化し、必要以上に時間を費やさなければいけなくなってしまいます。

このような際に取り入れたいのが、「逆算思考のアプローチ」です。今回のゴールである、「どちらか1つに決める」ために、比較したときに差が出る軸を見つけましょう。その視点で見れば、製品AもBも「操作性」には問題がないことがわかっているので、比較しても評価のしようがありません。

ですから、新たに別の軸を加えることにしましょう。ここでは例えば「コスト」などにするといいですね。コストは定量的な数字を提示できるため、優劣をつけやすくなります。

ただし、いくら差が出る軸での比較をといっても、顧客が特に重視している軸については省くことができません。その場合、○と△の数を比較しても、イーブンになって決まらないこともあるでしょう。

このようなときは、どの軸を重視するのかをあらかじめ決めておいて、重みづけするという手があります。

この会社の場合、多くのシステムを利用していることから、他製品との親和性が求められるとします。その場合は「親和性」は「○＝5点、△＝3点」と計算し、それ以外の軸については「○＝2点、△＝1点」とするなど、より重要な軸で差を出すための工夫をしてみましょう。

このようにルールをつくった上で「合計の点数が多い製品に決めましょう」と合意をとると、スムーズにゴールにたどり着けるはずです。

【After】製品AとBを重みづけして評価したケース

軸	製品A	得点	製品B	得点
操作性	○（問題なし）	2点	○（問題なし）	2点
親和性	△（独立型）	3点	○（他製品連携多数）	5点
将来性	○（AI機能拡張予定）	2点	△（機能拡張予定なし）	1点
コスト	○（1.1億円）	1点	○（1億円）	2点
	合計	8点	合計	10点

前提 他製品との親和性を重視

方法 親和性は「○＝5点、△＝3点」
それ以外は「○＝2点、△＝1点」で計算

結論 製品Bのほうが総得点数が高いため優位であると評価

⬇

早期に収束

▼ITコンサル的思考法❸

ゴール直前の〝ラストワンマイル〟の粘りですべてが決まる

▼残念な人はラストワンマイルで失敗している

難しいタスクに取り組んで何とかゴールまで行きついたはずなのに、最後には「あと一歩だったのにね」「もったいないね」と言われたことはないでしょうか？　もし一度でも言われたことがあるならば、あなたは**ラストワンマイルの対処を誤っている**かもしれません。

私も過去に痛い思いをしたことがあります。システムの運用保守の方針をつくるというタスクに対して、期限よりも2週間も前倒しで上司と認識合わせができたため、もう終わったものとして安心していました。

そしてタスクの期日ギリギリに顧客のリーダーと方針のすり合わせを行ったところ、先方が想定していたものはまったく違うものだったのです。結局、期限内に仕上げることはできませんでした。そして、私が進めていたタスクは、プロジェクトの進捗報告で「遅延」と報告されることになり「失敗」に終わったわけです。

このときに学んだことは、ゴールを見誤ってはいけないということです。上司との認識合わせはこの件ではゴールではなく、通過点でした。顧客と握らないといけなかったわけです。**「誰と握るべきか」という最後の一歩をしっかり乗り越えることで、真に成果が出たといえる**のです。

- 上司の合意はとれたが、まだ顧客とは握りきっていない（合意）
- いいアイディアが出たのに、まだ資料に落とし込めていない（文書）
- すでにタスクが完了しているのに、まだ報告できていない（連絡）

などが典型例です。あと一歩のところで成果を取り逃がさないように最終ゴールを見極めてやりきることを心がけましょう。

▼「握るべき相手」を見極めよう

ゴールを見極める際に見落としてはいけないことは、「目の前にいる顧客と認識を合わせたからといってゴールとは限らない」ということです。**最終判断をする人（意思決定の権限を持っている人）を攻略しなければ、手戻りになりかねません。**

例えば、あなたがIT部門の現場リーダーと「SLAは締結しない」と決めたとします。SLAとは「サービス・レベル・アグリーメント」の略で、IT部門が業務部門に対して障害復旧にかかる時間をコミットするための規約です。達成できない場合には、費用を支払うといったペナルティが発生する場合があります。

SLAは広い目で見ればIT部門の質の向上のために有効な手立てですが、厳格に施行しようとするとIT部門にとっては負担です。特に現場への負担が大きいため、IT部門の現場リーダーとしては受け入れたくはないということもあります。

ただ、現場がどう判断したとしても、最終的に意思決定をするのは質とコストに責任を負うIT責任者（部長クラス）です。現場のリーダーといくら認識合わせをしても、責任者が違う考えならば、これまでに握ってきたことは何の意味も持たないということになってしまいます。

シビアな物事を決めるときは、「ラスボスは誰か」を必ず見極めてから動きましょう。顧客サイドの意思決定者に自分が直接コンタクトすることが難しい場合には、上司に頼んでも構いません。**握るべき人と握って初めて、成果が自分のものになるのです。**

▼「トップと握る」が最強である

意思決定者と握るのが一番、ということは、必然的に顧客のトップに話ができるようになれば、成果を出しやすくなります。実際、私の同僚には、トップへの突破力がずば抜けて高く、成果も次々に出している人がいます。

この同僚のすごいところは、とにかくエネルギッシュでハイテンション。どんな人にも分け隔てなく声をかけて話を広げていくブルドーザーのような人です。私も知らず知らずのうちに巻き込まれて、彼を助けていることもしばしばあります。

そのような人なので、「トップに取り入る力」も随一です。ＩＴ部門の部長とも業務部門の部長ともいつの間にか仲良くなり、仕事を進める上で有利になる情報を次々と引き出してきます。しかもその会話の中で重要な方針も握ってきてしまうわけです。**企業の取り組みは、結局「人」です。**どんなに論理で動いているつもりでも、「想い」や「気持ち」は必ず関わってきます。それを忘れてはいけません。

さて、もしあなたが今、部長や役員などの「意思決定者」と会話する機会がないのであれば、上司に場を設けてもらうのもいいでしょう。

「自分がつくった案なので自分で説明しようと思いますが、どうでしょうか？」という言い方をすれば快諾してくれることも多いと思います。人の考えたアイディアや意見を説明することは難しいものですので、上司も助かるはずです。

上層部の人たちにしっかりと説明してディスカッションができるようになれば、自然とあなたの仕事の力は上がっていくでしょう。**この「突破力」こそが、本当の「仕事力」なのです。**

▼ITコンサル的思考法❹

せっかく解いた〝超難問〟を次の仕事に生かすには

▼無敵のスキルを生み出す「振り返り」

ここまで、難しいタスクの乗り越え方をご紹介してきました。これらの方法で何とか乗り越えたとしても、息つく間もなく未知のタスクが与えられるのが仕事です。長く同じ仕事をしているのに、いつまでたっても新しいタスクに右往左往し、膨大な時間をかけているという方もいるかもしれません。

しかし、仕事がデキる人は、新しい分野でも迷うことなく素早く進めることができるものです。仮に人事部から経理部に異動したとしても、すぐにキャッチアップして成果を出せるでしょう。なぜ、このようなことができるのでしょうか？　それは頭の良しあしの問題ではありません。大きなタスクを1つ完遂したら、**必ず「振り返りの時間」をとり、仕事のやり方をパターン化してさばくコツを見いだしているからです。**

▼ひとやま越えたら必ず「振り返る」

1つのタスクが終わったときには、たいていは次のタスクが待ち行列状態にあり、すぐに取り掛からなければと焦ってしまうかもしれません。しかし、ここで振り返りをするかしないかで、あなたの今後のパフォーマンスは大きく変わります。**何も振り返らないと「前回から成長しない状態」で次のタスクに臨むことになってしまう**のです。

- 1週間のタスクなら2時間
- 1カ月のタスクなら4時間
- 3カ月のタスクなら丸1日

を振り返りの時間として確保して、終わったタスクを振り返りましょう。

振り返るべき内容は、
- どのように知識を習得すれば、より短い時間でキャッチアップできたのか
- どのようにタスクを進めたら最短ルートになったのか
- 途中で起きた問題とその解決策はどのようなものだったか

の3点です。

さっそくそれぞれ見ていきましょう。

▼次に生きる振り返り方の3ポイント

①「肝をつかめ」：知識を短い時間でキャッチアップするには

まず、そのタスクに関連するテーマにおいて、**「肝だったこと」を書き出してみましょう。**

例えば、あなたの完了したタスクが「ＡＩを活用して現場業務を改善する」という

ものだった場合、その肝は「大量のパターンを覚え込ませて仕組みをつくることは容易だが、何もないところから正確な答えを導き出すことはできず、まだまだ精度が高いとはいえない」ということになるでしょう。こうした特徴から、「取引や財務諸表といった数字の正確性が求められるような基幹システムの業務には適さない」ということをおさえておかないと、ＡＩ活用はうまくいかなかったはずです。

どのようなテーマにも必ず肝があります。振り返りの際には、「**最も優れていること**」と「**これだけは絶対にしないほうがよいこと**」の2つを明らかにしておきましょう。この2つを明確にしておけば、次に同じようなテーマのタスクが割り振られた際のアドバンテージとなるはずです。

②「自己流ガイドをつくれ」：タスクの最短ルートを検証する

続いて振り返るのは、「**あなたなりに気づいたタスクの進め方のコツ**」です。これを「**自己流ガイド**」としてノウハウ化しておくと、次のタスクの際のヒントとなります。

例えば、システムのパフォーマンステスト（目標として定めた時間内に処理が終わるかを確認するイベント）を推進するタスクを完了したとしましょう。このタスクでは、「実際にどれくらいの人が同時に実行するのか」の予測が不可欠です。プロジェクトで色々と計算式を検討して議論した結果、「ユーザのうち5％くらいが同時に実行する」と仮定して検証を進めたならば、この「5％が妥当であるというロジック」が、次に使える「生きたノウハウ」になるのです。

この、あなたが自分なりに考えて編み出して乗り越えた経験をガイドとしてつくり上げることができれば、以前に1週間かけた作業が、次回はたったの1日で終わらせることができるはずです。

この自己流ガイドをつくる際には、「表面的な進め方の手順」ではなく、**「進め方の裏にある考え方」**に注目して書き出すことが重要です。「これは決めの問題だ」「ここはコストが大きく跳ねるので注意」「ユーザの視点でも見たほうがよい」などの要領で、進める上での注意点を明らかにしていくイメージです。

汎用的な視点で書くことを意識すると、他のパターンにもうまく当てはめて活用しやすくなります。

③「誰かへの頼り方をノウハウ化せよ」：途中で起きた問題とその解決策の整理

3つめのポイントは、直面した問題への振り返りです。「遅延」「障害」「意見の不一致」「外的要因」など、いろいろな出来事があったのではないでしょうか。

これを一つひとつ書き連ねてもいいのですが、そうすると書き出すだけで膨大な時間がかかってしまう上に、次への活用もしづらくなってしまいます。

ここでぜひ注目したいのは、「誰かへの頼り方」です。難しい問題を解決するためには、誰かの力を借りたはずです。周囲の人の知恵を借りたならば、**どのようなお願いの仕方ならば、相手は快く手を貸してくれたのか、**あなたなりに工夫したことをノウハウとしてまとめておくのです。

本書でこれまでにお伝えしてきた、「○○は△△だと考えているけど、どう思いますか？」と焦点を絞って聞く方法が効果的だったならば、それを書きましょう。あるいは「普段から挨拶をして日常会話を重ねておくことで、チャットでいつでも聞きやすい状態をつくる」のようなことでも構いません。**あなたの性格に合った「お願いの仕方」を明文化しておきましょう。**

▼振り返りのときに重要な「視点」とは？

振り返りの書き方ですが、３つのポイントについて、それぞれ箇条書きで記す形で構いません。

できれば、「やってはいけないこと」ではなく、**「こうやるべき」に注目**したほうが、次の行動に生かしやすくなるはずです。

振り返りとは、完了したタスクを次に生かすための準備です。「とにかくひとやま越えるまで頑張ったのでそれで完了」ではなく、一つひとつ財産としてためていくことで、仕事のスピードはどんどん上がり、周りとの差がついていくのです。

おわりに

本書では、1冊を通して「普段の仕事をいかに効率的にこなし、成果を上げるか」という話をしてきました。本書でお伝えした方法を取り入れていただければ、仕事の仕方ががらりと変わり、多くの仕事をハイスピードにさばいていくことができるようになるでしょう。

ただし、本書のノウハウを実践し、身につけていくには、もしかしたら時間がかかってしまうかもしれません。というのも、**〝「効率化」とは「非効率」の先にあるもの〟**だからです。

誰もがすぐにできるノウハウをいくら学んでも、現状からの変化はすぐには生まれません。一見非効率でも、本当に役立つノウハウを苦労して学び、失敗を通して経験に落とし込んでいかないと、本当の意味での成果は上がらないのです。

本書は、読者のみなさんが**「自分で考えて」普段の仕事に落とし込めるようになる**

ことを意識して書いてきたつもりですが、結局のところ、仕事の中で実践して活用していくのはみなさんです。ちょっと取り組んでみて、「難しそうだから、非効率そうだから」と諦めるのではなく、本書のノウハウを生かして何か成果を上げるところまで、根気強くやり抜いてください。「仕事がデキるようになりたい」「今より2倍のスピードで仕事をこなしたい」「最高評価をとりたい」くらいの目標であれば、絶対にできるはずです。**強い想いを絶やさずに抱き続けると、いつか本当にかなえられるもの**だと信じています。

本書でお伝えしたノウハウがきっかけとなって、多くの方が考え抜く力を高め、普段の仕事に自分なりの方法を見いだしていただければ、著者としてこれ以上の喜びはありません。

最後に、本書を最後までご覧いただき本当にありがとうございました。私はこれまで20年、仕事だけに身をささげるような生き方をしてきました。こうした生き方ができているのも、支えてくれた仕事仲間や友人たちのおかげです。この場を借りて改めてみなさまに深く感謝申し上げます。

江村　出

江村 出（えむら いづる）
EYストラテジー・アンド・コンサルティング株式会社アソシエートパートナー
慶応大学卒業後、アビームコンサルティング株式会社を経て、
デロイト トーマツ コンサルティング合同会社に入社。
現在は、EYストラテジー・アンド・コンサルティング株式会社の
アソシエートパートナーとして従事。
ITコンサルタントとして業界を問わず数多くの大企業の改革をリード。
「人の2倍働く」をモットーに深夜残業・土日出勤を繰り返していた
苦しい状況から、様々な模索や工夫を積み重ね、働く時間を大きく削減。
創出した余力を活用し、社内外の活動を広く手がける。
2021年に国内大規模ITイベントに登壇し1200名に講演。
2023年には新規ビジネスの提案力と推進力が評価され「BTPチャンピオン」を受賞。
また、Udemy講師としてITとコンサルの育成講座を展開中。

仕事を上手に圧縮する方法

仕事時間を1/5にして圧倒的な成果を上げたITコンサル流 仕事の基本

2025年4月14日 第1版第1刷発行
2025年5月8日 第1版第2刷発行

著者	江村 出
発行者	中川ヒロミ
発行	株式会社日経BP
発売	株式会社日経BPマーケティング 〒105-8308 東京都港区虎ノ門4-3-12 https://bookplus.nikkei.com/
デザイン	杉山健太郎
イラスト	白井匠
制作	株式会社マーリンクレイン
著者エージェント	株式会社アップルシード・エージェンシー
編集	宮本沙織
印刷・製本	TOPPANクロレ株式会社

本書籍に関するお問い合わせ、ご連絡は下記にて承ります。
https://nkbp.jp/booksQA
ISBN978-4-296-00232-0 Printed in Japan